Leonardo da Vinci

Leonardo da Vinci
Claro y oscuro

Leonardo Venegas

PANAMERICANA
EDITORIAL

Venegas, Leonardo
    Leonardo da Vinci / Leonardo Venegas. — Bogotá:
Panamericana Editorial, 2004.
    160 p. ; 21 cm. — (Personajes)
    ISBN 958-30-1407-9
    1. Leonardo da Vinci, 1452-1519 1. Tít. 11. Serie
927.5 cd 20 ed.
AHV3399

        CEP-Banco de la República-Biblioteca Luis Ángel Arango

Editor
Panamericana Editorial Ltda.

Dirección editorial
Conrado Zuluaga

Edición
Mireya Fonseca Leal

Diseño, diagramación e investigación gráfica
Editorial El Malpensante

Cubierta: Leonardo da Vinci, *Autorretrato* (1512), 33,3 × 21,3 cm • Turín, Biblioteca Reale

Primera edición, enero de 2005
Primera reimpresión, enero de 2006
© Panamericana Editorial Ltda.
    Texto: Leonardo Venegas
Calle 12 N° 34-20, Tels.: 3603077-2770100
Fax: (57 1) 2373805

Correo electrónico: panaedit@panamericanaeditorial.com
www.panamericanaeditorial.com
Bogotá D. C., Colombia

ISBN 958-30-1407-9

Impreso por Panamericana Formas e Impresos S. A.
Calle 65 N° 95-28, Tels.: 4302110–4300355, Fax: (57 1) 2763008
Quien sólo actúa como impresor.
Impreso en Colombia
Printed in Colombia

"Sin sombra no podrán las figuras de los cuerpos dar noticia de sus cualidades".

Leonardo da Vinci

A Diego Escobar,
por su generosa intuición

Tierra

En el alma, siguiendo la opinión de Agustín, los sentidos
son como la tierra, la imaginación como el agua, la razón
como el aire, y el entendimiento como el fuego.

Cornelius Agripa von Nethesheim,
La filosofía oculta, 1510.

Un hijo natural de Vinci

A Leonardo, el de Vinci, que nació con el señalamiento público
de haber sido concebido en una forma ilegítima, nadie le pudo
arrebatar jamás el privilegio de ser un hijo natural. Las leyes,
con sus deberes y sus códigos, estaban hechas por el hombre
para agruparse en sociedad; pero un poco por encima de con-
venciones, contratos y registros legales estaban los campos
de trigo y la ubicación de las estrellas, pues eran obra de la
propia naturaleza, y entonces también los frutos de un rato
de entrega entre un notario culto y una campesina iletrada,
en especial si tenían lugar sobre un trigal y bajo la miríada de
ojos de la noche entera. "Todas las cosas visibles", diría Leonardo, ya mayor, "han sido paridas por la naturaleza". Y
estas creaciones visibles, estos hijos de lo natural, venían entonces dotados de una nobleza que las palabras, en especial las
que se emplearan con fines de estigmatizar su origen, nunca
podrían alcanzar: una nobleza divina.

Y el alumbramiento de Leonardo, el de Vinci, fue sonoro
pero sin llanto, pues salió de su tibia y líquida noche ventral

sin que se le reventara el saco amniótico que envolvía su cabeza. Esto ocurrió en la vereda de Anchiano, lugar donde residía Caterina, campesina humilde como su tierra, no propiamente en Vinci, que a mediados del siglo xv era ya una próspera aldea, con iglesia y panadería y hasta un camino central.

> Las obras de la naturaleza son mucho más dignas que las palabras, las cuales son labor del hombre, pues tal desproporción existe entre las obras de la naturaleza y las del hombre, cual entre Dios y el mismo hombre.

Piero di ser Antonio, por su parte, pertenecía a una antigua familia florentina, de ahí el distinguido tratamiento que recibía de *messer*, y de ahí también su dificultad de aliarse en matrimonio con la madre casual de Leonardo, una de las cinco mujeres con quienes tuvo una docena de hijos. Leonardo, que nació en la madrugada del 15 de abril de 1452, fue el primogénito. Ese mismo año *ser* Piero desposaría a Albiera di Giovanni Amadori, y su familia conseguiría que Caterina resolviera la vida por su lado, lo cual hizo en efecto casándose con alguien sin patronímicos memorables en la historia, pero cuya rudeza sí quedó grabada en su apodo: *il Accatabriga* (el Pendenciero).

Lo particular es que *ser* Piero se llevó a su pequeño hijo para la casa paterna, en Vinci, con el fin de que lo criaran los abuelos, los tíos y *donna* Albiera, quien volcaría en el niño su afecto ante la imposibilidad de dar a luz un hijo propio. Leonardo, que desde chico portaba una distinción que parecía brotar de su interior como la titilante llamita de un rescoldo, recibió los cuidados y la educación que le prodigaban sus casi seis padres adoptivos, fascinados con las muchas calidades que mostraba su inteligencia. El niño no sólo atendía a las enseñanzas, sino que se apropiaba de ellas. Así, además de escuchar los encantadores relatos que guardaban las páginas de Plutarco, Leonardo aprendió pronto a leer, quizás para tocar con sus propios ojos las hazañas que realizaban los héroes en la voz de sus abuelos. Pero, más que en los libros, fue en el campo donde entró en contacto con la maravilla que se despierta en las cosas del mundo cuando la luz se posa en ellas; y en eso tuvo mucho que ver tío Francesco.

Ondulado, fecundo, con todos los matices del verde irrigados por el caudal del río Arno, el paisaje de la Toscana es uno de los más hermosos a lo largo de la cuenca mediterránea. Francesco, hermano menor de *ser* Piero, no era un señorito de ciudad, sino un hombre de manos grandes y callosas, entregado a los soles de la labranza. Las tierras de la familia se arrendaban para el cultivo, incluidas las que trabajaba Francesco como cualquier aparcero. Leonardo, al igual que todo niño que no procurase domesticar los ímpetus de su infancia, corría por viñedos y olivares, tratando de seguir una mariposa que de pronto se detenía sobre una rama de encino, convertida para siempre en los pétalos amarillos de una nueva especie de flor, y se emparamaba buscando mantenerse en las huidizas fronteras donde termina la lluvia, y se extraviaba en las laderas del monte Albano, sin poder dar con las huellas de colores dejadas por el arco iris en uno de esos confines donde se suele plantar. Alguna vez recogió del suelo un pequeño pájaro inerte, y se preguntó cómo resultaba posible que el pálpito de la vida pudiese sustituirse por un puñado de frío.

Comenzaba a germinar su carácter. Poco a poco se fue notando que el niño prefería pasar el tiempo, no sería exacto decir que solo, pues cada vez había un rincón del mundo esperando que llegara con sus interrogantes y su asombro, pero sí distanciado de los adultos que tan bien le querían. La mirada materna es casi siempre el emplazamiento elegido por el ángel para cuidar a los niños. En ausencia de ella, no de mimos y protección, acaso Leonardo se haya sentido más necesitado de aire para oír el aleteo de su propia libertad. Llevado de la mano por su inocencia, su curiosidad o su miedo, a veces se adentraba en una cueva invernal en busca de dragones o elfos, pero terminaba entreteniéndose con los carámbanos de hielo y los murciélagos dormidos, especies harto disímiles pero ambas dotadas con la sorprendente capacidad de lograr pender del techo. El pelo y las uñas de la gente se regeneraban, como la cola de la lagartija; los dedos no. ¿También los dientes, la lengua? La hoja del cerezo no se parecía a la de la parra, pero una y otra presentaban nervaduras, al igual que les ocurría a las manos de tío Francesco. La sangre era dulce, el llanto era salado; las gotas que resbalaban desde lo alto de un pino llovido sabían a gota, no a pino.

Leonardo nunca asistió a una escuela, y para su formación no contó tampoco con tutores propiamente, pero abuelos, tíos, madrastra y a veces incluso su padre eran soles que orbitaban en torno del esquivo planeta. Ante la negativa de la naturaleza para que se criara en compañía de hermanos, a los mayores les preocupaba la soledad a la que el niño se mostraba tan proclive y que hasta parecía disfrutar. Dejaba inconclusa la traducción de latín, hacía las operaciones con números pero se levantaba sin mirar siquiera la suma de aquellas cantidades extrañas denominadas no obstante *razones*. Pues, como planeta, el niño deambulaba por rutas invisibles a los ojos de los adultos, ya que éstas carecían de horario y ubicación y de toda esa clase de normas que permiten transformar en costumbre el extravío. Los cuadernos, sin embargo, se adelgazaban: ¿qué haría con los folios cuando nadie lo observaba?, ¿acaso los quemaría en una de esas fogatas que encendía tío Francesco? Provista de una barra de carbón y mucha privacidad, su mano izquierda se complacía en recordar los detalles de una bellota, los pliegues de la manta con que se cubría *monna* Lucía, la briosa silueta del caballo que pastaba en la hacienda vecina; la derecha no, era torpe y desmemoriada.

Una observación bien atada

A medida que creció en edad, la belleza inicial de la criatura que a todos había cautivado, como una cepa, como un enjambre, halló en el rostro y la corpulencia un territorio propicio para ir aposentándose. Sus cabellos tocaron los hombros; sus cejas se tupieron; su nariz, firme y apuntada, se constituyó en la proa de un joven dispuesto a surcar con decisión el aire de aquellos tiempos. Su mirada, que semejante a la paloma enviada después del diluvio aprendió a demorarse en las cosas y a recoger siquiera un ramito antes de retornar al interior de su alma, se hizo lenta y respetuosa, como la de quien agradece la existencia de cada nube, de cada fruta, de cada tela de araña puesta para algo en el paisaje del mundo. Sus labios se habituaron a estar unidos y su voz interna pudo entonces comenzar a hacerse oír. De fuera, aunque en ocasiones lo veían reír y conocían las puntas altas de su humor, lo suponían concentrado, taciturno, no tanto quizás como un planeta en su órbita, que es regulada y previsible, sino como una piedra solitaria en la gran noche del mundo.

Para contemplar el universo no se requería un emplazamiento muy extenso: bastaba con una pequeña ventana, con una butaca donde subirse, con la redondez de las pupilas; para entrar en la civilización, en cambio, había que acudir a su encuentro. La salida de la adolescencia de Leonardo coincidió también con la salida de la población de Vinci, lugar donde había transcurrido su crianza y al cual, como a la misma infancia, sólo en pocas ocasiones habría de retornar. Un año atrás tío Francesco se había casado y había partido a otra comarca, y *donna* Albiera había fallecido sin dejar posteridad diferente de las huellas de su dulzura en la formación de Leonardo. *Ser* Piero, preocupado por el destino de su único hijo, hubiera querido para él una carrera en las letras, en la jurisprudencia quizás, y con ese fin habría recurrido, sin dudarlo, a sus buenas relaciones. No en vano había heredado de sus ancestros el manejo contable de los negocios de grandes personalidades, elevándolo a un punto mayor, y comenzaba a abrirse paso como notario en la Señoría de Florencia. Era evidente que su hijo no mostraba interés

¿Quién podría imaginar que un espacio tan pequeño como el ojo podría dar cabida a todas las imágenes del universo?

alguno por los documentos, los protocolos y las minutas, pero, aun si Leonardo hubiera heredado el gusto por el oficio contable, *ser* Piero no habría podido matricularlo en la universidad. No se debía a un problema de subvención por parte del padre ni de capacidad por parte del hijo; el horizonte profesional de *ser* Piero parecía, por el contrario, despejarse, y estaba claro que la inteligencia de Leonardo era no sólo apreciable sino sobresaliente, aunque algo extraña en verdad. No: la cosa es que la universidad era una institución respetable, y por tanto no podía permitirse el desatino de recibir como discípulo al hijo bastardo de un hombre que se pretendiera decente.

Por lo demás, no parecía nada sencillo descubrir qué le podía interesar en realidad a Leonardo. Sabido era de siempre que disecaba animales, que hacía injertos de plantas, que pasaba horas y horas mirando el galope de un caballo o preguntándose qué hacían los fósiles marinos en lo alto de una montaña, que agrupaba las estrellas con la punta del dedo, que removía las cenizas buscando en qué se convertía el fuego cuando desaparecía la llama. Pero, desde luego, mediaba una enorme distancia entre cualquiera de esas distracciones y una profesión honorable, y aun suponiendo que se pudiera franquear, resultaba imposible decidir cuál de ellas le atraía más al joven. Un día, mientras éste se encontraba ausente en una de sus largas excursiones, *ser* Piero pidió que le dejaran ver los cuadernos de trabajo del muchacho, que, según todos decían, permanecían más tiempo con él que cualquier miembro de la familia. A *ser* Piero le llamó la atención que aunque se trataba tan sólo de dos, el discreto paquete estaba atado en cruz con cáñamo de bramante.

Al abrir el primero, *ser* Piero quedó perplejo. Un bloque de texto de apretada caligrafía, trazada con pluma pareja en forma continua y cuidadosa, ocupaba el grueso de la hoja, sólo que el texto se hallaba recargado hacia un costado de ésta, pues en el resto aparecían los dibujos sucesivos de un pájaro que, visto de frente, de perfil, batiendo las alas o extendiéndolas para flotar, parecía contento de hallar espacio suficiente para hacer sus acrobacias. A la caligrafía no le faltaba armonía, pero resultaba ilegible. Desde luego, no pertenecían a la lengua toscana esas muchas hileras de palabras, pero tampoco a dialectos paisanos, y menos aún a la escritura latina o a la griega. De hecho, mirando más en detalle, la grafía empleada allí no correspondía a idioma conocido por nadie. En la hoja siguiente, águilas, buitres, murciélagos y vencejos se mostraban en posiciones desconocidas e incluso algo impúdicas, con el cuerpo erguido de frente y las alas abiertas a todo lo ancho, como exhibiendo el secreto. Hoja tras hoja seguían volando las aves, y seguía el cúmulo de anotaciones, y aumentaba la incomprensión. Era como si, en lo alto del papel, hubiera un cielo limpio para que todas las criaturas voladoras se sintieran en libertad, mientras que, abajo, el texto indescifrable parecía una tierra ignota donde jamás se posaban.

Mientras todos se miraban sin entender, alguna de las tías comentó con tristeza que como al pobre muchacho nunca le habían notado condiciones de cazador, y ni siquiera de pajarero, por lo visto le iba a tocar conformarse con la crianza de gallinas y pollos. Sin embargo, en el otro cuaderno no había una sola ave. Sólo agua. Agua mansa que fluía con obediencia entre las sinuosidades de un cauce, agua en evaporación, agua de tormenta, agua en oleaje, agua furiosa que caía por cataratas, embates de agua, remolinos de agua, vórtices de agua, y todo ello con una precisión y un detalle que permitía seguir la ruta de cualquier gota en la confusión del aguaje.

Los murciélagos algunas veces tienen que seguir su presa boca abajo, otras en posición inclinada o por medio de confusos revoloteos. Si sus alas no estuvieran cubiertas completamente con una membrana sino que fueran de plumas por las que puede pasar el aire, no podrían realizar estas formas de vuelo sin procurarse su propia destrucción.

Y en arroyos paralelos, como surcos de un reciente arado, siempre el caudal infatigable de su menuda caligrafía, pareja, diáfana e inentendible.

Ser Piero no esperó a que regresara su hijo. Pidió que le prepararan el coche, tomó el par de cuadernos y se fue para Florencia, distante una jornada cuando no eran tiempos de invierno.

—Está bien —dijo—: si no puede aprender una profesión de nobles, vivirá entonces de lo que logren hacer sus manos.

Una mano siniestra

A los pocos días Leonardo se hallaba camino de Florencia, acompañado de su padre. Atrás quedaban Vinci, el monte Albano, la casa donde se crió, la familia que lo había visto crecer, el croar de las ranas de su infancia. El curso de la vida lo llevaba una vez más a desprenderse de los afectos, al igual que cuando se había despedido de tío Francesco y cuando había asistido al funeral de *donna* Albiera, y al igual que quince años atrás cuando, a la manera de un fruto que se desgaja del racimo, se había visto obligado a abandonar el regazo de aquella campesina que lo alumbró y que se seguía llamando Caterina. El equipaje de Leonardo se reducía a un pequeño baúl y a dos cuadernos atados. A medida que se acortaba el camino, ser Piero, recurriendo al conocimiento que le daba su profesión, le iba suministrando a su hijo una serie de indicaciones y cifras sobre la magnífica ciudad que cada vez se encontraba más cerca de ellos, de modo que el joven pudiera tomar conciencia del paso tan importante que estaba a punto de dar.

—Ya que vas a vivir de tus manos, por lo menos ejercerás el oficio más digno y lucrativo que hay —le dijo ser Piero a su hijo, sin ocultar su orgullo por haber encontrado una solución tan adecuada y tan pronta—: serás ayudante de orfebre.

Al atravesar las murallas por la mayor y más custodiada de las diez puertas de acceso, a ser Piero le quedaban aún por relatar muchas historias de la ciudad. Todavía se lloraba en Florencia la muerte de su mejor hombre, Cosimo de Medici, ocurrida un par de años atrás, luego de gobernarla durante tres décadas enteras, elevándola hasta el lugar de preeminencia cultural que ocupaba como la mejor ciudad del mundo, y el mundo era grande. Leonardo estaba deslumbrado y a la vez muy confundido, sus ojos se le abrían como si ya fuera de noche y de ellos tuvieran que brotar los pocos rayos de luz para mantener encendidas las cosas. Una torre seguía a otra torre, una plaza a otra plaza, una iglesia a otra iglesia, un portal a otro portal. Lo que su mente de aldeano alcanzaba a retener era que en Florencia había más casas que árboles, más piedras pulidas que pájaros libres y más molinos que labrantíos. Las calles, rectas e interminables, cruzadas por otras calles igualmente rectas e interminables, estaban pavimentadas con adoquines firmes y parejos, y el golpeteo persistente de los cascos de la bestia de tiro obligaba a *ser* Piero a elevar el volumen de la voz.

Otro de los ruidos era el que provenía de los cinceles al chocar contra las piedras de obraje en las muchas edificaciones en construcción, pero a éste se le atravesaba el del vocinglerío del mercado, y a éste el de las herraduras de la imponente caballería de la guardia, y a éste a su vez el que resultaba del macizo martilleo en los yunques de los herreros. Tantos edificios, tantas gentes y tanto bullicio eran mucho más de lo que el asombrado muchacho hubiese sido capaz de imaginar que pudiera estar cubierto por las mismas nubes de tramontana que él había visto a veces desde los parajes de Vinci. Todo sonaba. Sin embargo, todo pareció enmudecer de pronto. Desde cuando Leonardo divisó a la distancia la cúpula de la catedral, como una inmensa pompa de ladrillos que se alzaba por encima de horizonte y atardecer, su corazón se llenó de un júbilo que sólo había sentido en las cumbres de las montañas.

—Es el Duomo —oyó que decía su padre, como si al nombrarlo estuviera también bautizando la hermosa catedral de Santa Maria del Fiore—. Y su cúpula, de 90 brazas, es el orgullo mayor de estos 40 mil ciudadanos: la levantó Brunelleschi.

Leonardo hubiera querido quedarse el resto de la vida contemplando aquella cosa imposible, aquellos mármoles blancos y negros y encarnados, aquella majestuosa obra de piedra que se arqueaba con la misma docilidad de una cabellera al caer sobre los hombros, pero ya el coche dejaba atrás la plaza y su padre le mostraba otro edificio. En éste, según oyó, se encontraba la herencia más importante que el duque Cosimo le había dejado a la familia Medici y a todo el pueblo florentino. Pero Leonardo miró sin ver, porque ya no le cabían más construcciones de piedra entre sus ojos, ni quedaba luz en la tarde para verlas, ni el vértigo se lo permitía.

—Es la biblioteca, donde se guardan más de mil manuscritos —dijo *ser* Piero—. Muchos lo tienen por un tesoro más codiciado que los 200 mil florines de oro del patriarca de Aquilea: el saber recobrado de los antiguos.

Ser Piero explicó que, desde luego, se trataba de manuscritos de verdad, no de esos seudolibros sacados en prensa según la moda reciente, pues casi en el mismo año en que había nacido Leonardo, un artesano alemán había fabricado una máquina capaz de realizar copias de un escrito cualquiera, pero no letra por letra, sino párrafos enteros de un solo golpe, y no en pergamino, sino en hoja

"Lo que en un principio fue despreciado, magullado y machacado con muchos golpes, recibirá respeto y honra, y sus preceptos se escucharán con reverencia y amor" (alusión a la manufactura del papel elaborado a partir del reciclaje de trapos).

vulgar y en texto de tipo uniforme, casi cuadrado, desprovisto por completo de las ilustraciones de los miniaturistas y de la belleza que los verdaderos copistas o *scrittori* le conferían a su muy diestra caligrafía. Llegado a este punto, *ser* Piero aprovechó para preguntarle a su hijo qué idiomas estaba aprendiendo. Leonardo, que sólo se desenvolvía en la lengua toscana, era consciente de que sus rudimentos de latín le alcanzaban apenas para traducir en forma deficiente una descripción de la *Historia natural*, de Plinio, y eso si se aplicaba durante horas, así que sintió temor de que en Florencia, por ser una ciudad tan culta, sólo se hablara latín. Su padre lo tranquilizó.

—El latín es la lengua de Dios —explicó—, aunque aquí la emplean para leer los antiguos tratados y componer los nuevos. Pero hablan en la misma lengua en que te estoy hablando yo.

—Ah —dijo Leonardo, mientras el carruaje, ya adentrado en plena Via dell'Agnolo, se veía obligado a cederle el paso a una majada de ovejas de buen vellón, que según lo indicaba el chinchín de los cencerros no eran llevadas para la curtiembre sino al patio del esquilador.

—Entonces, ¿en qué dialecto haces tus apuntes? —preguntó *ser* Piero, mirando los cuadernos.

—¿Dialecto? —Leonardo se sorprendió—. No es ningún dialecto, es la misma lengua en que estás hablando vos.

—Pues vas a tener que tomar clases de caligrafía —lo amonestó *ser* Piero—. Nadie ha sido capaz de entender ni una sola de las palabras que escribes.

Leonardo se ruborizó. Le daba vergüenza confesar que la naturaleza lo había hecho *siniestro*.

—Lo que pasa es que escribo con esta mano —dijo, justo cuando el caballo se detuvo, exhibiéndola como si ella fuese la culpable—. Entonces, para no manchar con la tinta, me toca hacer las palabras en dirección contraria a los demás: nací zurdo.

—¡Casa del maestro Andrea del Verrocchio! —gritó entonces el cochero.

Una cierta Trinidad

Leonardo no hubiera cambiado su nueva vida de aprendiz por la de un estudiante universitario. Cuando no estaba colectando semillas en las vecindades del campo, estaba rumbo a los cerros de Fiésole, arrancando barro en las peñas para obtener la mejor arcilla del cenagal. En las mañanas, con más luz, cernía el barro seco para separar los polvos de caolín, hidrataba los bloques de alabastro que fueran a utilizar en el moldeado de las esculturas y trituraba las semillas de mostaza, de modo que quedaran en el punto predilecto de los artistas para que pudieran mezclarles la dosis de aceite de ciprés o de linaza, lacas y resinas con el fin de fabricar los tintes que se empleaban en las pinturas. En las tardes tenían lugar las comisiones: llevar una joya recién pulida a la residencia de la familia Benci, ir de molino en molino a ver cuál tenía más barata la harina para fiarle un bulto a nombre del maestro Andrea, devolverle al ebanista de la otra calle los clavos de hierro sobrantes y pedir prestado el escoplo de mediacaña, con cepillo y contrapunzón.

Aunque eran muchos los talleres de artesanos de Florencia, y varios de ellos competían entre los mejores, la reciente muerte de Donatello, el escultor que había creado para el duque Cosimo obras que sólo hubieran podido labrar los cinceles de los artistas griegos, había convertido al maestro Andrea en su sucesor ante la familia de los Medici. De hecho, una buena parte del tiempo en el taller se ocupaba en la tumba del duque Cosimo, que aunque había sido proyectada como de acabado sencillo, habría de contar con tracerías de materiales de diferentes calidades y colores. Leonardo, a quien el maestro solía llevar a la cantera, aprendió que la mitad del éxito de una buena escultura residía en la elección adecuada del bloque de mármol o de pórfido, ya que cada uno traía dentro su caballo, su ángel o su héroe, que aguardaban en silencio a que un cincel los despojara de lo sobrante.

El maestro Andrea sabía que para aprender esas matemáticas del ojo y la mano que en la época se conocían como *prospettiva* o perspectiva, era necesario, con papel y carboncillo, apostarse frente a una obra lograda como si fuera un camino que uno debía desandar. Más que de copiarla, se trataba de desmontarla hasta que quedase en sus andamios. El compañero de Leonardo, con quien visitaba a diario la iglesia de Santa Maria Novella para hacer los bocetos de *La Trinidad*, el hermoso fresco de Masaccio, era Pietro, un joven talentoso que no venía de tierras toscanas sino de la Umbria, más propiamente de vecindades de la ciudad de Perugia, por lo cual lo llamaban *Perugino*. Los dos cotejaban sus trazados y compartían los hallazgos de una obra tan desgarradora y compleja, los dos atendían a las correcciones que el maestro Andrea les hacía luego en sus folios, y los dos jóvenes aprendices, en las noches invernales y sobre el jergón de esparto que les servía de lecho común a todos los residentes del taller, dormían abrazados, cada uno como una manta de afecto contra el entumecimiento del otro.

Pero quien más curiosidad le suscitaba a Leonardo no era el maestro Andrea, a quien admiraba y respetaba, ni Pietro Perugino, con quien reñía y gozaba, sino alguien que por edad, relaciones y conocimiento se situaba en medio de padre y hermano adoptivos. Se llamaba Alessandro y era el asistente principal del maestro Andrea. Ya no vivía en el taller, como todos los demás discípulos, pero sí iba a menudo a trabajar allí, pues se ocupaba de preparar los estudios de color para un retablo que era enteramente de su diseño personal, aunque contratado con el taller de Verrocchio. Pero a Sandro, sin embargo, lo identificaban bajo una expresión que, por emplearse para denominar las vasijas de barro, o *botijos*, en que se almacenaban las bebidas, Leonardo no se atrevía a pronunciar, así todos la dijeran en diminutivo cuando se referían al pintor: Botticelli.

—Es que dentro de mí caben grandes cantidades de vino —reía el pintor cuando le preguntaban por la razón de su curioso apelativo—, pero no se conservan muy frescas.

Movido por pura simpatía, Botticelli se sentía a gusto enseñándole al joven Leonardo muchas cosas que éste juzgaba extrañas, y Leonardo, quien por su parte hallaba gran placer en los momentos en que podía estar cerca de Botticelli para aprender algo nuevo, admiraba la independencia de aquel hombre juguetón, capaz de poner en las manos de la Virgen que pintaba, no al Niño, sino una rosa con los pétalos encarnados.

—Es raro el tallo de esa rosa —decía Leonardo, observando la pintura en proceso—. Nunca he visto uno del que broten las ramas con idéntica distribución en cada altura: las de encima les taparían los rayos de sol a las de abajo y la planta se atrofiaría a sí misma.

—La rosa es un símbolo y hay que verla como tal —respondía Botticelli a la observación del aprendiz—. Así mismo, la Virgen, la *madonna* de los Caballeros Templarios, que no es otra que la sabiduría mística de los antiguos, la Isis de los Herméticos de Alejandría. Es el mismo ideal del conocimiento o *sophia* griega que Dante imaginó bajo la figura de su joven Beatriz y que yo pinto a través del bello rostro de una dama florentina. Con el pretexto de protegerla, lo que hacían los cristianos primitivos era más bien protegerse. Por eso le construyeron la más imponente catedral, la basílica de Santa Sofía, en la que todo el pueblo le rinde culto.

Todo pintor comete algunos errores en sus primeras composiciones; mas quien no los conoce no podrá enmendarlos.

Todas esas cosas eran compartidas en el círculo conformado por unas de las figuras más respetadas de Florencia, el gobernante Lorenzo de Medici, el orientalista Giovanni Pico della Mirandola, el arquitecto Leone Battista Alberti, el humanista Ángelo Poliziano y el pintor Antonio Polluaiolo, quienes, bajo la inspiración de Marsilio Ficino, traductor de las obras de Platón y de Hermes Trismegisto, se reunían en los bellos jardines de Careggi a estudiar los manuscritos antiguos, en los cuales se proclamaba la inmortalidad del alma, teoría que, al ser de origen griego, la Iglesia de Roma se negaba a incorporar como uno de sus dogmas.

—El libro y la espada representan, junto con la flor, las tres potencias del alma humana: inteligencia, fuerza y sensibilidad —explicaba Botticelli—. Es la verdadera trinidad y por eso hay solamente tres géneros de vida: la contemplativa, la activa y la voluptuosa.

Oyendo a aquel pintor de colorido y de símbolos, que tenía acceso a la villa Careggi y que contaba con estudio independiente para realizar sus propias obras, el joven Leonardo sentía gran fascinación. No entendía de trinidades, pero pensaba que inteligencia, manos y pasión debían ser en todo artista una tríada inseparable.

Una transmutación verdadera

Botticelli, Ghirlandaio, Perugino y los demás asistentes del taller, e incluso el maestro Andrea, habían iniciado sus carreras como orfebres, y con ese fin Leonardo había sido llevado por su padre al gran taller florentino, de forma que aprendiese a tallar y a pulir las figuras sobre el oro, el material más perdurable de cuantos entregaba la tierra, y el de mejor remuneración, pues los trabajos resultantes estaban destinados a lucir en los dedos, los cuellos y los tronos de las personalidades más acaudaladas de la ciudad. Sin embargo, pasados los primeros tiempos de adaptación a la nueva vida, Leonardo sentía que ningún oficio de miniaturista le atraía, a menos que fuese para realizar algo como las maravillosas escenas bíblicas que al gran Lorenzo Ghiberti le habían tomado cerca de 50 años antes de quedar plasmadas en las puertas del baptisterio del Duomo.

—El oro ya hecho no me atrae —le había dicho Botticelli, mientras iban rumbo a una pequeña casa, situada a espaldas del Orto di San Michele—. Sólo me interesa la alquimia, el proceso personal mediante el cual se lo busca, sin jamás encontrarlo.

A Leonardo le había llamado la atención que hubiera una chimenea encendida a pesar de que estaba a punto de entrar el verano, y había asociado el refrescante aroma a pinos que salía por allí con el mes de mayo que ya terminaba; pero su sorpresa aumentó cuando entraron precisamente a esa casa y un olor a diablos empezó a hacerse más notorio a medida que descendían hacia el sótano. Había abajo una gruesa puerta de cedro, del otro lado de la cual se advertía un pequeño oratorio que compartía el espacio con el origen de los olores nauseabundos: la cocina de maese Ventura de Occitania. Un ducto servía de escape a los humos hediondos expelidos por la única vasija que se hallaba sobre la hornilla. La atmósfera de ese recinto encerrado bajo tierra era casi irrespirable, no obstante estar sellada la vasija y prolongar su punta mediante un tubo con forma de serpentín, como los usados para destilar. Maese Ventura, un anciano de tez pálida y cuerpo menudo agobiado por la tos, que se ocultaba no sólo bajo tierra sino entre vueltas de mantas raídas y capuchones como si fuera un monje clandestino, había objetado la presencia de Leonardo, pero Botticelli lo persuadió con una referencia que al parecer tenía el valor de una contraseña cifrada.

—Es casi un hijo de nuestro Verrocchio —dijo—. Y es su discípulo más brillante.

Y mientras Boticcelli y el extraño hombre, que no dejaba de toser ni de vigilar el cocimiento que producía en forma lenta su alambique, hablaban de soles y de crisoles, de disoluciones y sublimaciones, de plomos, de mercurios y de cinabrios Leonardo acomodó una lámpara y se puso a dibujar en su cuaderno pinzas, atizadores, lupas, fuelles, espejos y demás objetos que colgaban por allí. Pero el que más capturó su atención fue aquel que se componía de un cuadrante subdividido en franjas dependientes de un centro común, con un par de agujas que se desplazaban levemente según lo indicaba el movimiento de un péndulo.

—Es un reloj —dijo maese Ventura, viendo la intriga que suscitaba el mecanismo en el muchacho.

—¿Un reloj? —exclamó Leonardo, recorriendo el sótano con la mirada—. Pero si aquí no hay orificios por donde puedan entrar los rayos del Sol: ¡no hay manera de conocer la longitud de las sombras!

Maese Ventura, en una pausa de su tos, le explicó que el ángulo que fueran formando las agujas sustituía la longitud de las sombras.

—El movimiento hace las veces de Sol —le dijo—. El movimiento se puede calibrar en forma rítmica, al igual que la intensidad de la luz. Todo es ritmo y el ritmo es el movimiento natural, y mediante el movimiento todo ser se transforma y cada cosa puede llegar a ser cualquier otra. La sabiduría consiste en dar con su medida precisa.

Leonardo visitó una que otra vez el laboratorio de maese Ventura de Occitania, deteniéndose siempre ante el sencillo reloj pendular. Que un mecanismo tan simple hubiera sido capaz de arrancarle su secreto más altivo al mismo gallo mañanero, fue a su juicio un descubrimiento muy superior al de la improbable conversión del plomo en oro. De hecho, si tal transformación de los metales operaba bajo un artificio semejante al que llevaba a que los fétidos olores del azufre, después de atravesar el ducto de la chimenea, salieran

Un instante no tiene tiempo alguno; el tiempo está constituido por el movimiento del instante y los instantes son los límites del tiempo.

con la fragancia del bosque al apaciguarse la lluvia, mutación que en realidad se debía a que un ducto paralelo canalizaba los humos de un incesante brasero de pinos, entonces la tal búsqueda de la piedra filosofal, aunque se inspirase en principios muy nobles, no dejaba de tener algo, dijérase, de impostura. Sin embargo, aquel anciano que había pasado el mejor tiempo de su vida ocultándose de las autoridades clericales para poder vigilar el cocimiento de unas mezclas malolientes, siempre le produjo a Leonardo un respeto cercano a la admiración.

—Es cierto que luego de tantos años no he conseguido obtener el oro en el crisol —sonreía maese Ventura, con sus dientes huesudos y escasos—, pero tengo la esperanza de que durante ese transcurso sí se haya ido purificando mi espíritu, aunque sea tan sólo un poco.

El otro factor que llevó a Leonardo a decidir su futuro fue una desobediencia. Uno de los campesinos de la comarca de Vinci le entregó a *ser* Piero un escudo de madera de ciprés para que, en alguno de sus viajes a Florencia, se lo llevase a un artesano capaz de decorarlo con una figura que impresionara a todo aquel que lo viese. *Ser* Piero se lo dio a su hijo, confiando en que éste se lo entregaría a Verrocchio, pero Leonardo decidió tomar el trabajo para sí. Lo primero que hizo no fue recurrir a su imaginación sino a su baúl, de donde extrajo una curiosa colección de bichos que había venido recogiendo con el objeto de entender cómo funcionaba la máquina de la vida. Sólo que, por ahora, la máquina de la vida consistía en un bestiario sin disecar, con las entrañas al aire y una exhalación de pestilencia que no era posible moderar ni con los inciensos más aromáticos del oriente de Marco Polo.

Había allí "búhos, serpientes, alacranes, mariposas negras, lagartos, ratas, aguiluchos, cangrejos, dragones, arañas, grillos, sapos" y otros encantos que se complacía en procrear la fábrica de la naturaleza. Pero como para ser artista era necesario demostrar su creatividad, Leonardo decidió componer una especie de pequeña bestia novedosa. Tomó entonces las garras del uno y el pelaje de la otra, las ventosas de éste y la ponzoña de aquel, y engastó en un pequeño cráneo alargado unos ojillos de otras cuencas y un par de mandíbulas desiguales, y prolongó todo eso mediante un tentáculo de retazos de varias colas diferentes, hasta que el gusarapo así constituido quedó de tal forma que al pie de él se habrían pasmado los grifos, las quimeras y los endriagos de las sosas mitologías habituales. Cuando, semanas después, *ser* Piero fue a recoger el trabajo terminado, Leonardo lo guió hasta un recinto en tinieblas, excepto por el único rayo de luz que entraba a través de un agujero y caía directamente sobre el monstruo apostado en el tablón de ciprés.

—¡Cuidado! —alcanzó a brincar *ser* Piero fuera del ámbito de peligro, mientras Leonardo reía a carcajadas, dichoso de haber sido capaz de fabricar a mano una emoción buscada.

Una criatura sin alas

Menos de cuatro años después de ingresar como aprendiz, le llegó a Leonardo el turno de colaborar en una obra de arte encargada al taller de Verrocchio. La tabla tenía como motivo el bautismo de Cristo, y debía realizarse en un formato grande, de casi dos metros por un metro y cincuenta centímetros, pues habría de ocupar un lugar privilegiado en el claustro de San Salvi. Bajo la dirección del maestro Andrea, los asistentes principales del taller estuvieron trabajando durante varios meses en cartones preliminares para estudiar la composición, la distribución que tendrían los personajes en el rectángulo, el tipo de paisaje y la expresión de los cuerpos. Leonardo, aún muy joven para opinar, seguía paso a paso la evolución de los cartones, pues ello constituía la parte central de su aprendizaje. En medio año más la tabla se fue poblando con el suelo pedregoso, con las aguas diáfanas y lentas que lo surcaban por el medio, con sendos árboles en las márgenes y los dos personajes en el plano principal: Cristo en todo el centro, y a su lado el Bautista, que vertía agua de un cuenco sobre la cabeza abnegada. La obra lucía ya muy adelantada cuando sucedió un evento que puso en peligro su terminación. Le fue ofrecido al maestro Andrea el tallado de la esfera de bronce que ayudaría nada menos que a culminar la célebre cúpula que Brunelleschi había creado en la imponente catedral. Era un altísimo honor que elevaría el prestigio de su taller muy por encima del nivel que solían alcanzar las techumbres de las casonas de artistas. Pero a la tabla encargada por el claustro de San Salvi le hacían falta aún dos angelitos que, desde un rincón de la margen izquierda, debían atestiguar con su pequeña presencia la majestad de aquel acto definitivo. En realidad, todo se reducía a uno, pues el contorno del otro, en el que había estado trabajando Botticelli, aparecía por completo delineado, e incluso ya estaba definido el tono azul que vestiría en su manta. Pero también Botticelli había tenido que entregarle todo su tiempo a la *Virgen del Rosal*, y Ghirlandaio, el segundo asistente, había caído enfermo, víctima de una peste sin nombre a la que se le temía más que a la invasión otomana. Apremiado por las circunstancias, el maestro Andrea le confió el otro angelito a Leonardo, cuyos dibujos apreciaba, pero a quien no se le había presentado la oportunidad de mostrar su capacidad en una obra contratada.

—El retablo está casi listo —pensó Verrocchio—. Ningún angelito será capaz de arruinarlo.

Pero sí de elevarlo al umbral de lo sublime. En los últimos 150 años eran miles de ángeles los que la pintura italiana había necesitado para recrear sus muchas escenas, pero ninguno había sido hasta entonces alcanzado con ese roce de gracia que en las esferas divinas los hace ingrávidos y tenues y que aquí en la atmósfera de la Tierra nos conformamos con llamar *belleza*. Tan delicada encarnación de la dulzura no necesitaba ni siquiera un par de alas, pues se movía a través de los cauces de la alucinación y del ensueño. Una carita de mejillas en soflama, una manta tras cuyos pliegues de seda se adivinaba la actitud del prosternado, liviana, presta, reverente, y una cabellera con rizos de restaño eran todos los rasgos de aquella raza celeste que había condescendido a que una de sus criaturas se posara sobre el cascajo que sólo pisaban los hombres. Y la mirada: de espaldas, en una margen discreta, el angelito sostenía en los brazos la manta de su Señor, y desde el rincón lo miraba, atento a que cumpliera con su misterio.

Observa cómo el movimiento de la superficie del agua se asemeja al de los cabellos, los cuales tienen dos movimientos: uno depende del peso del pelo, el otro de la dirección de los bucles. Así también forma el agua sus torbellinos, de los cuales una parte atiende al ímpetu del curso principal; la otra, al movimiento incidente o reflejo.

Ante aquella sutil revelación, que un pincel tan joven como el de Leonardo había bajado desde el más alto firmamento de la poesía, Botticelli, considerado entonces por los refinados asistentes al círculo de los Medici como un maestro de la estilización, no tuvo más remedio que poner a su angelito de carne y hueso a contemplar una aparición de verdad. Distraído de la escena principal por mirar la luz de su vecino, el niño de Botticelli, de no ser por el nimbo dorado que flota sobre su cabeza, se diría un gamincito al que han lavado con estropajo, han vestido de marinero y han arrodillado con las manos en una postura fingida, prometiéndole un regalito si permanece en silencio. El maestro Andrea se sobrecogió al ver la figura luminosa creada por la mano izquierda de Leonardo. Al lado de ella, por más paloma impulsada por unas manos del cielo, y por más agua vertida desde la crátera del Bautista, su Cristo parecía hecho de barro terrenal y no tanto insuflado de soplo divino. Entonces, sonriendo de satisfacción, el maestro Andrea del Verrocchio quebró en pedazos sus pinceles preferidos y dijo, con orgullo de mentor y sinceridad de buen amigo:

—Qué alegría poderme dedicar ahora sí por entero a las exigencias de mi escultura.

Agua

Una mente solitaria

A sus veinte años, Leonardo no sólo era pintor principal de uno de los dos talleres más afamados de Florencia, sino que le faltaba muy poco para ser admitido, como *maestro*, al gremio de pintores de la ciudad, llamado la Compañía de San Lucas, pues a medida que participaba en nuevos encargos su nombre se iba extendiendo, aunque un poco menos que su inatajable avidez por el estudio. Por entonces *ser* Piero se instaló del todo en Florencia, con Francesca di ser Giuliano Lanfredini, su segunda esposa, con quien tampoco habría de tener hijos, e invitó a Leonardo a vivir con ellos. El notario le había hablado a Francesca de su hijo como de un muchacho inteligente y bueno, alguien que quizás todavía usaría calzones de labranza pero que conocía el tallaje de la fina pedrería como el mejor de los joyeros. Resultó ser todo lo contrario. Saltaba a la vista que Leonardo era un joven de belleza notable, si bien no permitía que manos de madrastra intervinieran en el descuido con que crecían parejamente su cabellera y su barba, y vestía con una especie de elegante extravagancia, pues sus túnicas no bajaban de la rodilla y mostraban tonalidades intensas, como las empleadas por los pintores de oficio para distinguir a sus figuras principales entre las multitudes de sus lienzos.

Ahora bien: que Leonardo, en lugar de asistir a las jornadas de cacería prefiriese quedarse encerrado con sus lámparas y cuadernos, haciendo extraños ejercicios en los que se tapaba un ojo y acercaba un dedo a la llama, o uniendo hilos que partían de diversos puntos de un muñeco en un extremo del salón, y que luego de atravesar una tela puesta en el medio se unían en un nudo común situado en un rincón del otro extremo, ya eso era un tanto inquietante en un joven vigoroso. Que, además, ese joven se negase a ingerir cualquier tipo de carne, ya proviniese de animal acuático, de mamífero o de ave, pasaba a ser una contrariedad, en vista de que *donna* Francesca no hallaba fácilmente con qué viandas suplirle esa inapetencia de venado durante las cenas por ella organizadas. Pero que, adicionalmente, el joven invirtiese grandes sumas en la compra de unos pájaros traídos de las lejanas islas que flotaban en el centro del océano, para subirlos hasta una cumbre y abrir las portezuelas de las jaulas, eso sí rebasaba todo nivel de despilfarro y se constituía en algo que debía ser incluso castigado por la ley.

Para colmos, Leonardo ni tallaba diademas, ni comerciaba con gargantillas, ni bordaba con hilos de oro los tapices o los brocados. Cuando se decidía a acompañar a *donna* Francesca a las tiendas, se soltaba de su brazo justo en el momento de llegar a las 44 joyerías que engalaban el Ponte Vecchio, y se quedaba con su cuaderno en una margen del Arno. Al final de la tarde la dama lo encontraba en el mismo punto en que lo había dejado, sin poder creer que hubiese pasado todo el tiempo mirando las aguas de un río que, según él, eran y no eran las mismas con las que tantas veces había jugado en las colinas de un paisaje remoto.

—¿De qué color está ataviada esa persona que sube por aquel sendero de la colina?

—La veo de azul, si mi vista no me falla —respondía la sorprendida señora.

—No os falla, desde luego que no —ratificaba el pintor—. Cuando pasó por aquí iba vestida de verde sauce, pero no os falla. Lo mismo pasa con las montañas, que de lejos nos parecen azules. Si esa misma persona, en cambio, hubiera ido envuelta en una túnica roja, la estaríamos viendo de ocre. La distancia cambia los colores.

Donna Francesca sentía que esa observación era demasiado tonta para que alguien hubiese empleado en ella las preciosas horas de la tarde, así que insistía en preguntarle a su hijastro qué había estado haciendo mientras ella buscaba sin hallar la piedra de ágata de sus pendientes, que debía ser del mismo tipo para completar el juego con su sortija.

—Las sombras se rigen por leyes curiosas —decía Leonardo—. Por ejemplo, las sombras reflejadas en el agua en movimiento son mayores que las cosas de donde nacen.

—¿Ah, sí? —se asombraba aún más *donna* Francesca.

—Así es, pero eso no siempre ocurre al proyectarse las sombras en un muro. Y si os fijáis en las de las nubes, son tanto más claras cuanto más próximas están al horizonte.

¿Sombras...? *Donna* Francesca dejaba intacta su perplejidad hasta la noche, cuando podía por fin comentar con su marido, a quien responsabilizaba de que el único heredero de los Da Vinci estuviese cultivando una inteligencia no sólo inútil, sino además sombría.

Pronto habría de enviudar de nuevo *ser* Piero y pronto volvería a desposarse, pero antes de que el curso de su vida virara por esos recodos su hijo estaría de regreso a su oficio de pintor, al bullicio del taller y al seno de sus amigos. Donde Verrocchio se trabajaba muy duro, se comía regular y se dormía casi sobre los terrones del suelo, pero se vivía en una atmósfera de aprendizaje y creatividad que embriagaba el espíritu y exaltaba el entusiasmo, y no era infrecuente que un astrólogo, un humanista o un peregrino se detuvieran allí de tanto en tanto, a contar cómo iba el universo, a recordar el valor de la grandeza humana o a cambiar un trozo de pan por un brillo de gratitud en la mirada. Eran los momentos en que el maestro Andrea sacaba la mandolina; Pietro, la flauta; Domenico, la pandereta; Lorenzo, las campanas; y Sandro, los botijos de vino, y el mundo se convertía de pronto en carcajada y en festejo, y hasta los angelitos arrodillados volvían a volar de contento cuando resonaban las interpretaciones de los *frottole* y demás ritmos callejeros, que ingresaban por el oído y hacían vibrar todas las frecuencias del cuerpo. Leonardo, que encantaba con su grave y limpio tono de voz, se acompañaba de la *lira da braccio*, instrumento que el maestro Andrea le había enseñado a tañer y al que el joven, con el fin de dar con modulaciones desconocidas, solía hacerle variantes en la longitud de las cuerdas y también en su agrupamiento, pues con su mente de estudioso, sus manos de artista y su curiosidad de niño era incapaz de dejar intacto cualquier objeto elaborado en el mundo.

Por ese tiempo se publicó el primer libro salido de una imprenta toscana, el *Cancionero*, de Petrarca, y a partir de éste se sucedieron las traducciones de otros manuscritos más antiguos, de suerte que la lectura se convirtió en una opción, incluso para aquellos a los que, como Leonardo, les estaba vedado el acceso a la universidad. Su interés en investigar la disciplina mediante la cual la mente busca comprender el espacio abstracto, es decir, la geometría, había llevado al aldeano de Vinci a consultar los libros alejandrinos de los *Elementos*. Su interés por descubrir el proceso mediante el cual el ojo busca atrapar el espacio iluminado, es decir, la óptica, lo había llevado a verificar los teoremas de Euclides sobre el tema. Su interés por entender el orden mediante el cual la razón busca organizar el aluvión de sensaciones del espacio percibido, es decir, la perspectiva, lo había llevado a seguir la elaboración del tratado de Piero della Francesca. Su interés por captar los ritmos mediante los cuales la piedra busca ocupar el espacio volumétrico, es decir, la arquitectura, lo había llevado a examinar las teorías de Alberti. Su interés por explorar la forma mediante la cual la imaginación representa los accidentes del espacio firme, es decir, la geografía, lo había llevado a conocer los mapas de Toscanelli. Su interés por ubicar el curso mediante el cual un puñadito de astros se movía en disonancia con la muchedumbre de estrellas, es decir, la astronomía, lo había llevado a indagar los cálculos de Ptolomeo.

Sin embargo, por encima de todo, Leonardo se consideraba un pintor, es decir, alguien que por medio de la experiencia articula lo que el ojo ve con lo que la mente comprende, y lo que la mente comprende con lo que la mano hace, para de este modo acometer la tarea de carácter más divino entre las que puede emprender un ser humano: recrear la naturaleza. Pero, según las convicciones de Leonardo, no sólo por su fin la pintura era la más auténtica de las ciencias. Pues aquellas que, como las matemáticas, nacen y concluyen en la mente, prescinden de la experiencia, que es la verdadera apropiación del saber.

Un saber es científico cuando comienza y concluye en la mente, y semimecánico, cuando nace de la ciencia y desemboca en la operación manual. Sin embargo, estas ciencias son, en mi opinión, vanas y rebosan errores, pues no han nacido de la experiencia.

Y las que, como la astronomía, nacen en el ojo pero concluyen en la mente, se privan de la mano, que es la herramienta de la creación. Y las que, como la arquitectura, nacen en la mano y terminan en el ojo, se substraen de la mente, que es el acomodo del entender. Y las que, como la medicina, nacen de la experiencia y terminan en la experiencia, se desentienden del ojo, que es la puerta por donde ingresa la luz.

Un secreto guardado entre un nombre

El pincel del joven maestro había elaborado ya varios retablos que tenían como motivo a la Virgen con el Niño, en especial una bella *Anunciación* para los monjes del Monasterio San Bartolomeo del Monteoliveto. A diferencia de los frescos que el beato Angelico y fra Filippo Lippi habían realizado sobre la íntima escena, y de los que tanto había aprendido Leonardo, la suya, a campo abierto, había llamado la atención por apartarse de la narración evangélica que ubicaba el descendimiento del ángel dentro de un aposento. Sin embargo, con tanto acierto había sabido interpretar la dificultad de mostrar a la Virgen a la vez conturbada y serena por la noticia, que en el monasterio sólo hubo palabras de ponderación para el respeto con que había sabido tratar la delicada belleza de una sagrada emoción. Pero el cuadro que lo llevaría a

El Ecuador, la línea del horizonte, la eclíptica, el meridiano, son las líneas que en todas sus partes son equidistantes del centro del globo. La Tierra no está en el centro de la órbita del Sol ni en el del universo, sino en el centro de sus elementos, acompañada y unida a ellos.

que su nombre se independizara del taller fue uno sin intenciones de sacralidad, y tan pequeño, que habría cabido dieciséis veces en su *Anunciación* del Monteoliveto.

Leonardo frecuentaba la casa de Giovanni Benci, hombre culto al igual que su hermano Amerigo, con quienes estudiaba un *mappamondo* basado en las ideas del cosmógrafo Paolo dal Pozo Toscanelli, quien a pesar de ser maestro de ábaco y de desempeñarse como astrólogo de la Señoría, era señalado en círculos eruditos por profesar la extraña creencia de que este mundo que pisamos a diario no es plano sino esferoide. Promediando el siguiente mes de enero, Ginevra, la hija de Amerigo, iba a contraer nupcias, a la edad algo tardía de diecisiete años, con Luigi di Bernardo di Lapo Nicolini, y, como era de rigor en las familias nobles, su padre decidió obsequiarle el retrato en el que la imagen de la novia quedaría plasmada para todas las generaciones de su descendencia. Desde luego, el pintor elegido para tal responsabilidad fue Leonardo, quien aceptó complacido.

Verrocchio, que era un intérprete musical muy versátil, les había enseñado a sus discípulos que para cantar en forma adecuada un poema de Dante o de Petrarca no había que ponerle música alguna, pues los versos ya contenían una propia que el poeta había guardado dentro de ellos; simplemente había que extraerla con delicadeza y buen oído, y transferirla al laúd, a la mandolina o al instrumento elegido para hacerle compañía a la modulación de la voz. Leonardo sintió que eso mismo era lo que él tenía que hacer con el fin de lograr el retrato de quien ya casi no era Ginevra di Amerigo Benci, pero a quien todavía le restaba poco menos de un año para pasar a ser *donna* Ginevra di Luigi Lapo Nicolini; es decir, esa especie de istmo que durante un corto tiempo se llamaría a secas Ginevra.

Antes de trazar el primero de los muchos bocetos preliminares que realizó, aprovechó sus visitas para hablar con la joven acerca de sus preparativos y de sus expectativas, de los recuerdos de niña y los gustos de señorita. Ginevra era una dama reflexiva pero de pocas palabras, que prefería tomarse un tiempo antes de empezar a hacer las cosas, sólo que, una vez resuelta, aplicaba toda su decisión en llevarlas hasta su término. El visitante observaba sus movimientos, sus pasos largos y firmes, su educación exquisita y sus maneras pulcras, que no alcanzaban a cubrir, sin embargo, como esos pequeños tocados a todos los bucles de su roja cabellera, la áspera rigidez que la mantenía tan erguida. Antes de poner la primera mancha de tintes aceitados sobre la superficie de la tabla, el artista había decidido que en el revés habría una cinta con una leyenda en latín: *La belleza ornamenta la virtud.*

Cuando Leonardo entregó el retrato de esta pelirroja de cuello esbelto y rostro asiático, para quien eligió un jubón carmesí muy escotado, de suerte que la blancura de su piel luciera en medio como una nuez entre la corteza recién rota, la misma Ginevra sintió que ese cuadro le estaba revelando lo que todos los espejos se habían obstinado en ocultarle. Ya era su 15 de enero y partía hacia el altar. Cierto que la luz que caía en plenitud sobre la cara retratada allanaba la prominencia de sus pómulos, y que el ángulo elegido por el pintor moderaba el pronunciamiento de su nariz, pero esos labios pálidos, esa frente despejada, esos párpados lentos los había mirado a diario ella con la misma fijeza del par de ojos que ahora se dejaban contemplar, como si ya nada en este mundo tuviera fuerza bastante para asombrarlos. Ginevra nunca había estado en un jardín semejante al que tal vez la seguiría acompañando en ese minúsculo cuadrado de posteridad. Identificaba los abedules del fondo, casi en las aguas plantados y que, como ellas, recogían los reflejos de metal herrumbrado que parecían emanar de su cara. Ignoraba, en cambio, a qué especie pertenecía el gran arbusto de espinas, que más allá de contrastar con los rizos de su peinado, se ceñía sobre ella como un aura de oscuridad.

—Es el *ginepro* —le dijo Leonardo en dialecto—, o enebro, que al fin y al cabo es el sentido que se aloja en vuestro nombre, distinguida Ginevra.

Una profesión empantanada

Florencia era por entonces una próspera república, capaz de enfrentarse con el Estado Vaticano y de conseguir que su moneda, el florín, tomara el lugar que por mil años había ocupado el besante impuesto por los otomanos en el comercio internacional. La reciente conquista del puerto marítimo de Livorno, ubicado a pocas leguas de la desembocadura del Arno, la eximía incluso de seguir sometiendo a Pisa como su única opción de salida por el mar. Lorenzo de Medici, hijo de Piero y nieto de Cosimo, era el sucesor del linaje de gobernantes amados por la gran mayoría de la población. Su padre había fundado la Academia en los jardines de la villa de Careggi para celebrar con un banquete cada natalicio de Platón, y su abuelo había reunido la más grande biblioteca de manuscritos antiguos y la había donado al claustro de San Marco, con la condición de que siempre estuviera abierta al servicio de los ciudadanos. Lorenzo también era protector de arquitectos y filósofos, de músicos y humanistas, y las obras que se seguían levantando en Florencia después del *Campanile* de Giotto, de las puertas de bronce del Baptisterio, de la cúpula del Duomo y de los cientos de frescos y esculturas, hacían pensar a sus habitantes que el único rival posible de su ciudad era la extinta Atenas de Pericles. La fastuosa corte de Milán, cuyos dos miembros principales, Piero y su hermano Ludovico, recorrieron las calles de Florencia seguidos por un cortejo de 2 mil caballos engualdrapados de seda y 2 mil mulos con el equipaje real, lejos de disminuir el orgullo de los florentinos por su ciudad, lo aumentaba, pues sentían que la pompa de los visitantes era sólo un pretexto para venir a admirar la belleza verdadera.

Leonardo, que no era un asiduo como Botticelli ni un asistente regular como Verrocchio, sólo una que otra vez tomó parte en las reuniones celebradas en los jardines de Careggi, y como el motivo central consistía en unir las tradiciones de la Grecia de Platón, la Palestina de Jesús, el Egipto de Hermes y la Persia de Zoroastro, lo que le interesaba al joven pintor, que era examinar las exóticas plantas traídas desde los confines de Oriente, casi nunca se le daba. En cambio él sí atraía las miradas, ya por

El contorno de una cosa es una superficie que no forma parte del cuerpo que de tal superficie se viste, ni del aire que tal cuerpo circunda, sino que es el medio interpuesto entre el aire y ese cuerpo.

su apostura natural, ya por su forma extravagante de vestir, ya por esa falta de desenvoltura en la que los demás reconocían un origen aldeano.

Sin embargo, en esos tiempos algunos de los más enterados hablaban de él debido a sus obras. El tratamiento del difuminado o *sfumato* logrado por el pincel de Leonardo no tenía antecedentes entre los artistas florentinos, y los cultores de Platón veían en ese hallazgo algo más que una técnica novedosa. Esa ausencia de línea fronteriza que permitiera distinguir con precisión el perfil de cualquier figura que él pintase, esa especie de transición gradual de las tonalidades que imprimía a los contornos de todos sus personajes, y que llevaba a que la piel de una santa se fundiera con las tinieblas del entorno o con la densidad de que se cargaban los aires, sin que se supiera bien dónde terminaba la epidermis y dónde empezaba a palpitar el misterio, constituía para ellos la forma más acabada de percibir el fluido energético que cada quien emanaba y que unía a todos los seres aunque no siempre se tuviese conciencia de ello.

—Llamadlo más bien éter —le sugirió Marsilio Ficino a Leonardo, en cierta ocasión en que un grupo se le acercó al joven artista—, *sfumato* no es un término que haya empleado Platón. Como a él, a mí tampoco me interesa la pintura, pero, según dicen los entendidos, habéis plasmado en ella el éter y lo habéis hecho al parecer con acierto. A través de esta entidad fluyen la luz y el amor, que es todo lo que en realidad existe.

Leonardo se sentía incómodo en esa atmósfera de erudita sofisticación y ante personas tan letradas que todo lo sacaban de su estado de creación y lo remitían a una suerte de mero escenario verbal. En ese momento pasaba por allí el gran Lorenzo y, al verlo, el grupo se le acercó. Todos lo saludaron con una ligera inclinación, llamándolo Su Magnificencia. Todos menos Leonardo, que se había quedado en su lugar, observando con discreción.

—Dicen que sois hijo del notario de Vinci —dijo el gran señor—. ¿Cuál es vuestra profesión?

—Para una majestad como la vuestra, mi profesión no tiene importancia —respondió al punto Leonardo, ante el asombro de todos—. Pero, a una majestad como la vuestra, quizás le interese saber que este servidor estaría en condiciones de canalizar las aguas del Arno.

—Algunos más doctos que vos ya han estudiado el proyecto y no tiene viabilidad —dijo el duque con firmeza—. El Arno es de un caudal tan imprevisible, que tan pronto desciende tranquilo, tan pronto se vuelve impetuoso: diríase casi el temperamento del papa Sixto IV. Tuvo un costo menor anexarnos la población de Livorno.

Todos los presentes rieron.

—Con el respeto por vuestros ingenieros y, sobre todo, por el de una majestad como la vuestra —insistió Leonardo sin inclinarse—, en la misma medida en que se separen las orillas de un río, disminuirá la velocidad de su curso. Y, para frenarse, las aguas del río forman torbellinos sin necesidad de hallar obstáculos. De lo contrario, en su torrente habría enormes vacíos o crestas inmensas, y ese espectáculo, ciertamente imposible, sería más digno de ver que los cambios de ánimo de su reverendísima.

Todos los presentes se sorprendieron; el duque se retuvo.

—De vacíos y crestas están formadas las aguas del mar —se apresuró a anotar el joven Giovanni Cavalcanti, poeta y preferido de Ficino—, que avanzan y avanzan sin poder hallar sosiego. Será triste, pero no imposible.

—¿Habéis visto el mar? —le preguntó el gran Lorenzo a Leonardo.

—Una vez, señor —dijo—, y también creí que las aguas se desplazaban. Pero me bastó ver unas cortezas que flotaban sin avanzar, para entender que el ímpetu del mar es el que corre en forma de ola, no el agua, que asciende y desciende sin necesidad de cambiar de sitio.

Unos y otros se miraron, no faltó quien soltara la risa; el gobernante volvió a intervenir.

—¿Las aguas del mar no avanzan? Curiosa observación, que tal vez no confirmarían los estibadores en el puerto de Livorno.

—Si una majestad como la vuestra me diese la oportunidad —dijo Leonardo—, yo podría mostrarles a los estibadores que las olas del mar son como las que hace el viento de mayo en un trigal: vemos mecerse los tallos sin que por eso cambien de sitio.

Sé bien que, al no ser hombre ilustrado, algunos presuntuosos pensarán que pueden, razonablemente, descalificarme, alegando que soy hombre de escasa formación: ¡estúpidos! (gente stolta!) ¿Acaso ignoran que mis temas se ilustran mejor con la experiencia que con más palabras?

—Agua, aire... —intervino Ficino—. Si hemos de hablar de los elementos deberíamos tomar por tema la tierra. Aquéllos son húmedos, la tierra es seca y fría, por tanto es la única que favorece la melancolía, me refiero a la creativa.

—Aquí todos, excepto Pico della Mirandola, se declaran de la raza de Saturno —dijo el gran Lorenzo—. ¿Y vos?

—Disculpad mi ignorancia en esos asuntos, señor —dijo el artista—. Es la primera vez que tengo el honor de venir a la Academia de Careggi.

—Pues espero que no sea la última —dijo Lorenzo de Medici—. Aun con menos trigo y tan pocas salidas al mar, se ve a las claras vuestra profesión: sois un poeta. Traed vuestra mejor composición la próxima vez que vengáis, aquí le pondremos música.

Una ranura en la vida

Sin embargo, Leonardo no habría de regresar a los bellos aposentos de la villa campestre de Careggi. De hecho, no había compuesto jamás una poesía en su vida; a lo sumo, en momentos de ira, también acudía a sus cuadernos y consignaba allí, con sus frases de derecha a izquierda, la lucidez de un desahogo. Pero la razón de su alejamiento de aquellas reuniones no tuvo que ver con su incomodidad ante las controversias verbales, de las cuales, por lo demás, solía salir muy bien librado, ni con el culto a Platón, por cuya obra solar, que había venido conociendo precisamente en las traducciones de Ficino, sentía gran simpatía, sino con un episodio más oscuro, más frío y más subterráneo que el humor de la melancolía.

En la democracia florentina, las agremiaciones en torno al tejido, a la curtiembre, a la molienda gozaban de mucho poder y tenían normas estrictas para que no cualquiera ingresase y para que los productos no se vendiesen a precios discrecionales. Bajo su múltiple presión, las autoridades se habían visto obligadas a colocar en sitios estratégicos de la ciudad unas urnas en forma de tambor, los *tamburi*, con el fin de que quien quisiera pudiese hacerle llegar a la Señoría sus quejas y denuncias en una forma directa. Por esos conductos de la democracia circulan a veces las aguas negras del rencor, para las cuales cualquier fisura es una cloaca, y cualquier forma de comunicación, un albañal. El 9 de abril de 1476 se depositó en el *tamburo* situado frente al Palazzo Vecchio una papeleta que contenía una denuncia contra cuatro ciudadanos, por "cometer sodomía" con un joven de diecisiete años, Jacopo Saltarelli, quien solía "complacer a muchos varones". Tanto de Saltarelli como de cada uno de los otros cuatro denunciados se suministraban señas del lugar donde residían y de las actividades que ejercían, e incluso de uno de ellos se enfatizaba su condición de noble indicando que "vestía de negro": Lionardo Tornabuoni. Ese último detalle resultaba innecesario, en vista de que nadie en Florencia ignoraba que ese apellido era el de *donna* Lucrezia, la madre del duque, y por tanto se identificaba a su portador como un primo del magnífico Lorenzo. Había en la lista, junto con el orfebre Bartholomeo di Pasquino y con el sastre Baccino, otro *Lionardo* (que era la grafía utilizada en la lengua toscana de la época): "Lionardo di ser Piero da Vinci, que vive con Andrea del Verrocchio".

La papeleta, dirigida a la Comisión de Costumbres, no llevaba firma alguna que sustentara la denuncia, pero ello no era necesario para arrestar a los allí nombrados. Las prácticas sexuales entre personas del mismo género configuraban un delito, cuyo castigo oscilaba entre una multa considerable, la castración o incluso la muerte en la hoguera. No obstante la letra de la ley, éstas eran prácticas bastante extendidas en la Florencia de entonces, a tal punto que el vocablo más común empleado en la lengua alemana para señalar a un homosexual era *florenzer*.

El gran Lorenzo no tenía ningún gusto personal por *aquel pecado nefando*, pero durante sus años de gobierno tampoco hizo reparos al respecto en la vida privada de filósofos, poetas, artistas y hombres de ciencia allegados a la corte; de lo contrario habría tenido que prescindir de los servicios de Botticelli, Ficino, Verrocchio y Miguel Ángel, para sólo nombrar a algunos famosos. Pero una cosa era el silencio permisivo y otra el escándalo destructivo.

Abandonad vuestra pompa, vuestros banquetes y vuestras comidas opíparas. Abandonad vuestras concubinas y vuestros jóvenes barbilampiños. Abandonad aquel pecado nefando, aquel vicio abominable que ha traído la cólera de Dios sobre vosotros...

—SAVORANOLA

El hecho de que hubiera un Tornabuoni en la lista de acusados daba a creer que se trataba de una patraña urdida por los Pazzi, enemigos políticos de la familia Medici. Eran los nuevos banqueros del Vaticano, pues el papa Sixto IV, ante la negativa de Lorenzo a unirse a la guerra santa que aquél había declarado contra los turcos, logró acabar con la hegemonía en el negocio del alumbre y en el manejo de las finanzas vaticanas, que de tiempo atrás habían estado a cargo de los Medici. Los Pazzi y los Medici ejercían entonces, en la piel de la república florentina, una de esas luchas de sonrisas en reuniones sociales, patrocinio de obras artísticas y enlaces matrimoniales, mientras que en los campos se enfrentaban los ejércitos del sobrino del Papa contra los soldados a sueldo pagados por el gran Lorenzo.

Nadie se presentó a rendir testimonio en contra de los sindicados, y desde luego tampoco el anónimo denunciante, de modo que a los pocos días, justo en el aniversario número veinticuatro de Leonardo, las autoridades los dejaron libres bajo condición, mientras esperaban el tiempo legal para el proceso. Dos meses después se declaró la exculpación definitiva de los nombrados en la papeleta, si bien la inocencia declarada por los jueces no siempre acarrea la que requiere el corazón, y en cualquier caso ninguna de las dos es bastante para atenuar el ardor infligido por los ojos de la multitud. Los florentinos habían estado al corriente de la denuncia, y aunque sólo unos cientos de ellos se hallaban al frente de la puerta de la cárcel del Bargello en espera del veredicto, en particular para conocer la suerte de Tornabuoni, a Leonardo le pareció al salir que todos los ciudadanos menos uno se habían agolpado esa noche en la via del Proconsolo y que estaban pendientes únicamente de él.

Varios rostros amigos aguardaban para saludarlo. Leonardo se abrazó al maestro Andrea como un náufrago a un pedazo de leño, y dejó que brotaran sus lágrimas sin detenerse en pudores. Pero no brotaron; las obstruía un gran miedo. En la última semana había tenido la sensación de que su vida era miserable y de que, pese al escaso favor que hallaban en él las causas horoscopales, el fuego que marcaba su signo zodiacal habría de conducirlo a la hoguera. Ahora no sabía si contaba con el valor que se precisa para tomar parte de nuevo en el mundo de los vivientes.

Como el arrojo pone en peligro la vida, el miedo la protege.

Un claroscuro interior

En verdad, durante esos largos meses que se fueron juntando para formar un año y luego otro, Leonardo no tenía mayor ánimo de salir a lugares concurridos o públicos, y cuando estuvo de visita en su Vinci natal dejó que se dilataran las semanas y llegó a pensar seriamente en quedarse en una granja por el resto de su vida. Sin embargo, en Florencia lo aguardaban su estudio y su arte, las obras que tendría por hacer, los tratados que pensaba escribir, en fin, todo eso que se encuentra en un estado fantasmal y que no ingresará a la realidad a menos que pongamos en ello toda nuestra energía y toda nuestra voluntad, porque nosotros somos su única puerta de acceso a la existencia. Al ver a Leonardo alistando sus cuadernos y su equipaje, el maestro Andrea, sin tiempo de soltar las herramientas con que estaba comenzando a labrar un bloque de pórfido recién traído de la cantera, recordó la tarde en que había recibido a un muchachito del campo, sin duda lleno de talento pero con una mano izquierda tan silvestre e indómita que ni siquiera tenía conciencia de que llenaba los renglones con una caligrafía al revés de la que tanto trabajo le había costado instaurar a la civilización. El que ahora se iba ya no era un terrón de la mejor arcilla que pudiese darse en la Toscana, sino todo un hombre adulto, cincelado con sabiduría y delicadeza, y también con los golpes de martillo que la vida nos da sin que entendamos su objeto.

Según Roger Bacon, autor a quien Leonardo consultaba en los libros de maese Ventura de Occitania, la alquimia o Gran Obra no era un método público sino un proceso privado, dentro del cual el individuo actuaba como un doble vigía, tanto de la evolución del compuesto en el crisol como de la que en forma más silenciosa iba sufriendo su propia persona, y por eso debía estar atento a los signos del avance, pues de su adecuado desciframiento dependía el saber si se iba por una senda correcta.

—A todo aquel que se inicie en un camino creativo, tarde o temprano le ha de llegar su *nigredo* —decía maese Ventura—, su cabeza de cuervo, su pequeña muerte. Porque sin disolverse lo sólido no podrá coagularse lo incorpóreo: *solve et coagula*.

A Leonardo, que ahora entendía mejor las ventajas de recluirse a trabajar en un subterráneo, lejos del falso brillo que refleja la sociedad, no le interesaba casi nada de la alquimia en sí misma, y si se quedaba mirando el alambique fuera de la cocción, así como otros frascos y matraces que permanecían unidos por el fondo a través de una serie de tubos, era porque le sorprendía que, al margen de las raras formas que mostraran esos recipientes, las superficies de los líquidos allí contenidos se hallaban exactamente a la misma altura en cada frasco.

—Pero el buen observador ha de estar atento al término del eclipse —insistía maese Ventura—, a su cisne blanco, a su propio *albedo*, a la luz de su nuevo nacimiento. Y más si se trata de un artista y de un aries, ser que por naturaleza es doblemente ígneo.

En esos días Leonardo no tenía tiempo de preguntarse por los fuegos de su propia alma, pues su mente se hallaba concentrada en entender cómo funcionaba el oscuro interior de un cuerpo humano. El destacado pintor Antonio Benci, a quien llamaban *Pollaiuolo*, y que dirigía un taller artístico de tanto renombre como el de Verrocchio, le había suministrado a Leonardo algunos manuscritos sobre el tema, creyendo que éste se preocupaba por la evolución de su propia salud. El más importante de los tratados, al punto de haber alcanzado en pocos años una decena de reimpresiones, era *al-Qānun*, que Gerardo de Cremona había traducido como *Canon de la medicina*, de Avicena, y que se empleaba en las universidades gracias a que el sabio persa había recogido el antiguo conocimiento de Aristóteles y lo había dejado casi entero después de pasarlo por el fino tamiz de su experiencia.

—Haríais bien en ir a la Academia de villa Careggi —le aconsejaba Pollaiuolo a Leonardo—. Como le consta a tu amigo Botticelli, allí saben cómo tratar la *melancholia artificialis*, sobre todo ahora que tantos artistas se afligen por su causa. Platón sufrió de ella, Aristóteles estudió el desequilibrio de esos humores en su fisiología, pero nadie como el médico Ficino para saberlos temperar en el espíritu: él es músico.

A Leonardo le simpatizaba la relación que hallaban en la Academia entre el *espíritu* intangible y las funciones vitales de *aspirar* y *espirar*, que el organismo ejerce en forma permanente, como el mar con el ritmo de sus mareas. Pero no le bastaba que declarasen que a través del aire le llegaban al entendimiento los más sutiles fluidos que se conocen como *spirito*. Los barberos eran individuos

La enfermedad es la discordancia de los elementos infundidos en el cuerpo vivo. La medicina es la recuperación de los elementos discordantes.

carentes de saber universitario pero dotados con pulso firme, es decir, lo contrario de los médicos, y por tanto tenían a su cargo las cirugías de los enfermos. Sin embargo, era difícil

55

conseguir autorización para ubicarse al pie de ellos mientras practicaban sus sangrías. Por eso Leonardo iba al amanecer hasta el mercado en busca de los matarifes, presenciaba el horrendo espectáculo de ver cómo sacrificaban los lechones y los cerdos con un solo golpe de punzón en el pescuezo, y luego del desangre, pero antes de que procedieran a destazarlos, pedía que hicieran un corte a lo largo del tegumento y se apresuraba a dibujar todo el mapa de las entrañas. Más que la entelequia del espíritu, le interesaba el aparato respiratorio, que es visitado a cada instante por el aire del mundo para insuflar de vida a todo el cuerpo. Los cadáveres, cierto, no proveían el mejor recurso para examinar estos secretos de la vida, pero sin ellos el pensamiento se enfrentaba a tantas dificultades para penetrar como el aire a través de la palma de la mano.

"Cuando el pulmón se contrae más allá de lo ordinario, esta contracción no es causada por él sino por el *mirac*, que junto con los músculos transversales, comprime y eleva los intestinos debajo del diafragma", escribía Leonardo a propósito de la respiración forzada, valiéndose de la latinización del término árabe *maraqq*, que designaba la pared abdominal anterior, o el epigastrio, o incluso el ombligo, según lo empleaba a su arbitrio Avicena, nombre que era a su vez la latinización de Ali ibn Sinã. "El diafragma fuerza el pulmón contra la concavidad del pecho, lo comprime, le substrae una gran porción de aire y causa su decrecimiento, en una cantidad proporcional al aire que es removido por el pulmón".

Mientras tanto, en las vísceras de la ciudad se iba moviendo un aire tóxico, que no era de inspiración ni espiración sino de una soterrada conspiración contra el poder de los Medici.

Lo que iba corrido de la década había mostrado una lucha política entre el papa Sixto IV, que quería extender los dominios del Vaticano apoderándose de Ferrara y la Romaña, y el gran Lorenzo, que con su poder financiero y su temeridad de hombre joven le hacía frente en Florencia. Así, mientras desde Roma se nombraba a un arzobispo en Pisa, desde la vecina ciudad de Florencia se impedía su posesión declarándolo como enemigo; y mientras una heredera de la familia florentina de los Pazzi, banqueros rivales de los Medici, ciñéndose a la ley reclamaba una cuantiosa fortuna dejada al morir por su suegro, la señoría cambiaba abruptamente la legislación en materia de potestad de los testamentos. Tal vaivén de jugadas llevó a que Francesco Pazzi se uniera con Girolamo Riario y su hermano el cardenal, sobrinos del Santo Padre, para planear un atentado contra Lorenzo y Giuliano de Medici.

El día elegido fue el 24 de abril de 1478, y el escenario, una misa en la catedral de Santa Maria del Fiore. Pero ocurrió que Lorenzo asistió ese día sin su hermano. De inmediato, un secretario fue a casa de Giuliano y le informo que el oficio no comenzaría hasta que él no se hiciera presente. Al entrar al Duomo se le acercó Pazzi y, como era de uso reciente en las épocas de tregua, los dos se extendieron la palma de sus manos diestras con el fin de mostrarse que no iban armados, gesto que en pocos años pasaría de la prudencia distante al apretón sobreseguro, dando lugar así al modo manual de saludarse entre los nobles. La daga y la intención, sin embargo, iban ocultas bajo la manta, y los conjurados aguardaron con respeto a que terminara la ceremonia. Al sonar por última vez la campanilla, se hundió el puñal de Pazzi en el pecho de Giuliano. Los feligreses se trastornaron con gritos de horror que rebotaban sin origen ni causa definida bajo la enorme cúpula diseñada por Brunelleschi.

Por su parte, el gran Lorenzo consiguió escapar, con una herida sangrante en el cuello. Al contrario de lo que suponían los sublevados, nunca se uniría tanto el pueblo en torno de su señor como ese domingo de trágica fiesta por el crimen de su hermano, caído después de recibir siete puñaladas mortales. Por ello no tardarían en colgar de las ventanas el arzobispo de Pisa, los Pazzi y demás conjurados, y no tardaría el Papa en decretar un castigo juzgado por unos como grotesco y por otros como patético: la excomunión de todos los ciudadanos de Florencia. Debido a la dimensión de la afrenta, el precio que se pagó aquella vez por el retrato de los ahorcados, que siguiendo una extraña y antigua costumbre se hacía en los muros del Palacio de Gobierno, fue muy superior al que solía pactarse por un trabajo similar en otras ejecuciones: 40 florines de oro. El dinero le convenía mucho a Leonardo, claro, pero también es cierto que él habría estado dispuesto a hacer el trabajo gratis, con tal que le hubieran dado licencia para realizar luego la disección de los cadáveres. Era una oportunidad invaluable para entender lo sucedido cuando el "espíritu vital cesaba de pasar por las arterias *ipoplécticas*", nombre que Leonardo les daba a las carótidas, que según su hipótesis eran las causantes de una apoplejía en el momento de la asfixia. Pero el artista elegido para el trabajo fue su amigo Botticelli.

Un penitente en busca de luz

Dos años duró la excomunión y dos años duró la guerra intermitente entre las huestes pontificias y las tropas de la república florentina, hasta cuando Lorenzo tuvo la audaz idea de viajar a Nápoles a dirimir las diferencias cara a cara con el Papa. Ese arreglo permitió que los dos protagonistas practicaran el arte de la política en su versión refinada, despojándose de su papel de enemigos y asumiendo la sonrisa de los mecenas. Sixto IV estaba empeñado en decorar una pequeña iglesia de los predios vaticanos, que desde esos días se empezaba a nombrar como *Sixtina*, y para ello quería contar con los artistas más capaces que hubiera en los dos Estados. Halagado y servicial, el mismo Lorenzo se encargó de elegir a los mejores de su Florencia: Botticelli, Pollaiuolo, Ghirlandaio, Perugino... Verrocchio, bajo recomendación de Lorenzo desde luego, se aprestaba a viajar a Pistoia y a Venecia. Leonardo no fue escogido.

Es cierto que por ese tiempo a Leonardo no le faltaba trabajo, pues estaba contratado por el propio Lorenzo como restaurador de esculturas en los jardines de San Marco, pero más cierto es aún que el artista habría abandonado sus compromisos si le hubiesen ofrecido aquel traslado. De hecho, dejó sin terminar el cuadro más personal que hubiese abordado hasta ahí: *San Jerónimo*. El tema del santo del siglo IV, quien, acusado por las murmura-

> Al recuperar lo que se ha ido perdiendo día a día, la vida se va renovando. Lo mismo que la luz que se mantiene y renueva gracias al aceite que la alimenta. Mientras la llama muere va cambiando el brillo de su luz en un humo sombrío.

ciones de tener relaciones íntimas con nobles damas romanas dejó puestos y sociedad para ir a hacer penitencia en una caverna de Belén, y que para aplacar las tentaciones de la carne que lo visitaban en pleno desierto se puso a traducir todos los libros de la Biblia, había sido tratado por los artistas de todos los tiempos. Solían presentar al ermitaño en la celda de su retiro, sentado en su escritorio y concentrado en su tarea, con una pluma en la mano y mucho sosiego en la faz, mientras un león yacía dormido a sus pies, signo de que el estudio y el trabajo podían vencer la tentación.

En la tabla de Leonardo, en cambio, el santo tiene una rodilla postrada sobre el pedregal del desierto, y el león, aunque tendido, yergue contra él sus fauces altaneras como recordándole los peligros. Nada parece quedar del hombre que nació en Aquilea, que contendió con Orígenes y que habría de entregar al mundo la versión más completa de la Biblia: la *Vulgata*. Este de Leonardo es un nazareno arrepentido y escuálido, estragado por la mortificación de su conciencia, que sólo tiene fuerzas para hincarse sobre el suelo abrasador y levantar de la humillación sus ojos vacíos hacia el cielo. Por las concavidades que se marcan en el cuerpo y la frágil tirantez de los tendones, se puede decir que, entre esa alma apretada a los huesos de su esqueleto y ese pellejo desnudo al rojo vivo del sol, no hay nada.

Eran días en que Leonardo andaba muy solo. Ni siquiera tenía vínculos con el taller de Verrocchio, pues había terminado de preparar allí a Lorenzo di Credi como sustituto suyo en las labores que ejecutaba. No parecía dulce la soledad de esos tiempos, ni fructífera; no era la que conoció de niño o la que requería tantas veces para avanzar en sus estudios. De su padre, casado ahora por cuarta vez y a quien tanto respeto le tenía, también se hallaba alejado. Tomó, no obstante, el nombre *di ser Piero* y le desgajó unas cuantas letras como si fueran hollejos de vid, y en una esquina de su cuaderno dejó una huella de ese mismo desespero, al escribir: *di...s...p...ero*. Como agente legal del convento de San Donato, en Scopeto, *ser* Piero consiguió que le encargaran a su hijo una obra de dimensiones tan considerables como inhabituales, dos metros y medio en cada lado, y que tenía por tema *La adoración de los Magos*. También era éste un tópico en la pintura de todos los tiempos, y cada época recreaba el asunto y cada artista buscaba imprimirle su interpretación personal. Pocos años atrás Botticelli había realizado una para la familia de los Medici, dándose la licencia de representar, en la figura de un rey postrado en saludo ante la Virgen y el Niño, así como en la de otros dos personajes de la comitiva apostada a lado y lado, a Cosimo, Giuliano y Lorenzo de Medici, con sus atavíos y rasgos.

Leonardo, que no tenía que rendirle homenaje en su pintura a ningún soberano diferente de la misma recreación del misterio, agolpó una muchedumbre en torno de la prodigiosa aparición de un nuevo niño en el mundo de los humanos. Era una deslumbrante fiesta del asombro: unos detenían sus caballos, otros se tomaban la cabeza con las manos, éstos se doblaban de rodillas, aquéllos interrogaban a los demás, alguien levantaba un dedo índice hacia el cielo. Al fondo, al pie de las escalinatas y el columnario, contendían unos jinetes fantasmales, ajenos a la verdadera celebración. A los extremos de la base, como sellando el caudal del gentío, la figura del filósofo mayor y la del bello guerrero parecían dos posibilidades parciales de un modelo de hombre ideal. En el centro, sostenido por su joven madre, un niño estiraba su brazo hacia una ofrenda traída de Oriente.

Eran Magos los que de allá venían, no reyes; y eran Magos, no magos. Leonardo, menos cercano que tantos a la Academia de Lorenzo y Ficino, famosa por tomar las tradiciones platónicas, herméticas y cristianas y conjugarlas como si fuesen arroyos que convergen en un mismo abrevadero, había interpretado con más acierto que los demás la naturaleza de esos extraños visitantes que se asoman apenas en tres frases del evangelio de san Mateo. Eran persas oniromantes y astrólogos, herederos de Zoroastro y cultores del elemento más alto, más antiguo y más sutil, el fuego, esa suerte de deidad que convertía en más fuego todo lo que se acercaba a su umbral, todo lo que tocaban sus dedos, que siempre se mostraban en ascenso. Por eso los había guiado el resplandor de una estela en las noches de su largo viaje, por eso estaban dispuestos en los tres vértices que ayudaban a levantar la *pirámide*, voz que representaba al fuego en su forma y lo contenía en su significado (eso es *pyros* en griego), y por eso habían venido desde la Antigüedad a presenciar la gracia de la luz, pues no otra cosa era la Epifanía para el creyente que la pintura para el artista: manifestaciones de luz.

La parte mayor del pago estaba estipulada en especie, representada en una finca donde podría residir el pintor durante los tres años de ejecución, lo cual era un gran negocio para el artista. En las cláusulas del contrato se veía no sólo la mano de un notario conocedor, sino la de un padre preocupado por la estabilidad de su hijo. Sólo que el hijo no cumplió, pues ésta fue una más de las obras que el genio de Da Vinci emprendió y dejó inconclusas para siempre. Durante el transcurso, Leonardo fue complacido en forma adicional por los frailes, pues varias veces requirió adelantos del pago, e incluso, más allá de anticipos y salarios, en algunos meses recibió de ellos leña, trigo y vino para su manutención.

El cuadro quedó guardado en casa de Amerigo Benci, amigo de confianza de Leonardo y quien —raro en los acaudalados— sabía de desprendimientos, pues en años recientes le había obsequiado a Marsilo Ficino un manuscrito de Platón. Desde el punto de vista contractual, a *La adoración de los Magos* sólo le faltaban varias capas de color, que ya habían comenzado a aplicarse según lo indicaba el verdor de la fronda en los cuatro árboles del paisaje. El resto se hallaba en muy diversos estados de avance, desde el mero carbón de los contornos hasta la profundidad de las sombras en la esquina crepuscular.

De entre todos los estudios de las causas y razones naturales, más deleita la luz a los contempladores. Contemplar la representación de las obras de la naturaleza le sirve de consuelo al alma en su humana prisión.

Pero desde otro punto de vista, esos caballos transparentes que parecían atravesar las columnas, esas caras fantasmales y aterradas, esas criaturas santas que apenas comenzaban a definirse como si emergieran de la luz y la luz brotara de ellas, dotaban a la enorme tabla con la sobrecogedora sensación de que un misterio verdadero volvía a imponerse a las tinieblas.

—Espero que nunca la termines —le dijo Benci a Leonardo, con los ojos empapados de emoción—: en esta maravilla no hay lugar para el color.

Leonardo abandonó Florencia. Estaba cerca de arribar a esa edad calificada en el primer verso de los miles que componen *La divina comedia*, como el medio del camino de nuestra vida. Dos siglos atrás Dante había tenido que alejarse de Florencia, y su vasto proyecto poético había terminado por ser una obra entretejida en el exilio. También Leonardo era de esa rara estirpe de hombres que no se reconocen en lo que han hecho sino sólo en lo que tienen por hacer. Ya que se aprestaba a cambiar de país, de afectos y de esperanzas, era también la hora de cambiar de profesión.

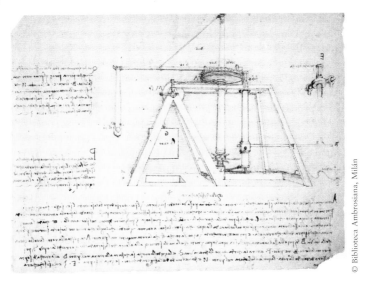

Esbozo de una catapulta. Pluma y tinta, 220 × 300 mm. Circa 1485.

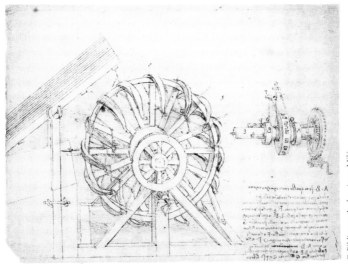

Máquina de guerra con 16 ballestas. Pluma y tinta, 220 × 300 mm.

Circa 1485.

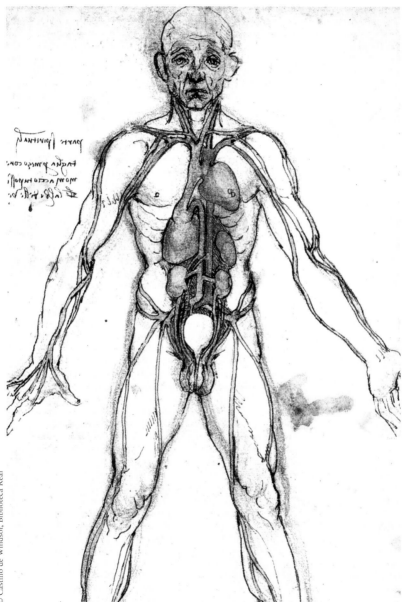

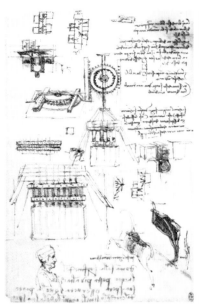

Esta página

Izquierda: *Estudio para la fundición del monumento a Sforza.*
Pluma y tinta, 278 × 191 mm.
Circa 1491/1493.
Derecha: *Estudio del monumento a Trivuzio. Pluma y tinta,*
280 × 198 mm. Circa 1508/1511.

Página anterior

El árbol del sistema vascular. Figura anatómica con el corazón,
el hígado, los riñones y los vasos sanguíneos. Pluma y aguada sepia
con lavado ligeramente coloreado sobre lápiz negro, 280 × 198 mm.
Circa 1490.

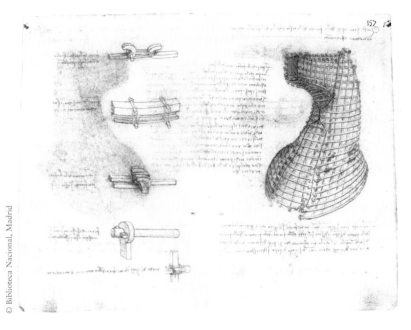

Esta página

Dibujo del molde de fundición armado para la cabeza de Sforza. Sanguina,
210 × 290 mm. Circa 1491/1493.

Página siguiente

Arriba izquierda: *Ensayo de carga de una ala. Pluma y tinta,*
232 × 165 mm. Circa 1487/1490.

Arriba derecha: *Aparato de despegue y aterrizaje de una máquina*
para volar. Pluma y tinta, 232 × 165 mm. Circa 1487/1490.

Abajo izquierda: *Estudio de alas articuladas.*
Pluma y tinta, 290 × 218. Circa 1490/1493.

Abajo derecha: *Estudio de una ala articulada.*
Pluma y tinta, 369 × 272. Circa 1490/1495.

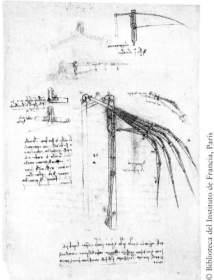

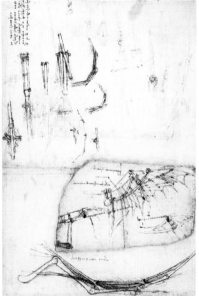

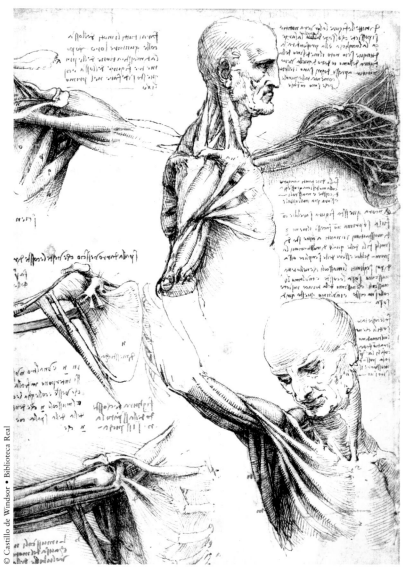

Análisis anatómico de los movimientos de hombro y cuello. Pluma y aguada sepia (tres tonos), lavado con lápiz negro, 292 × 198 mm. Circa 1505/1510.

San Juan Bautista. Óleo sobre madera, 69 × 57 cm. Circa 1513/1516.

La Gioconda, una de las obras más conocidas de Leonardo da Vinci. 1506.

AIRE

Una imagen artificial

En la carta que Leonardo dirigió a quien regía los destinos de Milán, Ludovico Sforza, ofreciéndole sus servicios, apenas menciona en un rincón que sabía pintar "a la altura de cualquiera". Más que una hoja de vida, la carta contiene un repertorio de las habilidades con que dice contar el versátil florentino, divididas en veinte ideas que podrían servir de muestra para quien quisiese emplearlo. Lo particular es que dieciséis de ellas se refieren a las artes de la guerra. Así, por ejemplo, en una época en que se combatía a pie o a caballo, Da Vinci dice poseer el secreto para "construir carros cubiertos y armados, seguros e invulnerables, capaces de penetrar las filas del más aguerrido y numeroso ejército". Pero su capacidad para el invento bélico no se reduce a la contienda cuerpo a cuerpo, pues agrega que "podría fabricar catapultas, balistas" y otras armas de largo alcance, "cuyo efecto decisivo es absolutamente insospechado". También dice disponer de modelos de morteros, "muy prácticos y fáciles de transportar", que permiten arrojar lluvias de piedras y verdaderas tempestades "cuyo humo sembrará el pánico en el enemigo, para su daño y confusión". Sólo en el último punto advierte Leonardo que, "en tiempos de paz", puede desempeñarse como arquitecto, "ya en el diseño de edificios públicos y privados, ya en la conducción y distribución de aguas"; y es entonces cuando menciona su disposición para pintar y esculpir, señalando que está en condiciones de ocuparse del caballo de bronce, monumento que sería "inmortal gloria y honor eterno del señor vuestro, de bendita memoria, y de la ilustre casa de los Sforza".

Ludovico, gobernante sagaz que posaba de hombre pacífico mientras se afianzaba en el poder, tenía a su cargo ingenieros que estudiaban al detalle los tratados militares de Valturio y de Taccola, y nunca conoció la carta de Leonardo, aunque le hubiese causado una singular impresión aquel repertorio de destrezas ajenas que, por lo visto, no lograron convencer a los secretarios encargados de leer su correspondencia. Pero, de haber contratado a Leonardo, habría sido en calidad de músico, ya que aquel firmante de la carta era el mismo hombre esbelto que había llegado al Castello Sforzesco con un obsequio de parte del gran Lorenzo, reputado amigo de la música, consistente en un instrumento tan raro como armonioso: una lira cuyas cuerdas se tensaban no en una cornucopia corriente, sino en un cráneo de caballo labrado en plata desnuda.

La corte milanesa era la más rica de cuantas había en ese entonces, y el primer requisito para quien aspirase a un contrato con el duque era el de ser famoso. Por algo estaba al servicio de Ludovico el más célebre arquitecto de entonces, Donato Bramante, quien se ocupaba ese año en la reconstrucción de la iglesia de San Sátiro. Del mismo modo, las actividades musicales del ducado estaban a cargo del conocido maestro de capilla Franchino Gaffurio y del más respetado de los compositores de la época, Josquin des Près, quien acababa de ordenarse como sacerdote y en cuyas misas no permitía que el elaborado contrapunto se asomara por encima del auténtico sentimiento. Ambos sintieron agrado con la presencia del joven Atalante Migliorotti, quien formaba parte de la pequeña comitiva florentina y contaba con una voz que le auguraba desde ese momento la carrera de cantante, a la que en efecto habría de consagrarse. Pero Leonardo, además de haber guiado los estudios vocales de Atalante y de haber fabricado la lira con sus manos, componía hermosas canciones que en esa oportunidad interpretó para regocijo de los presentes y admiración de los músicos invitados a la velada.

—*Amore sol la mi fa remirare* —decía una, jugando con los nombres de las notas y el sentido que producían—, *la solmi fa sollecita*: sólo el amor me evoca, solamente él me anima.

Tan impresionados quedaron los huéspedes de la corte con los atributos de Leonardo, con su voz honda y limpia, capaz de abarcar un amplio registro tonal, con sus graciosas composiciones y su preciso tañido, pero sobre todo con la verdad de su emoción, como quedó a su vez él con la imponencia de la fortaleza. Esos altísimos muros y esos torreones almenados, concebidos bajo la severidad de aquel estilo nórdico que en el norte se conocía como gótico, encerraban en su interior jardines exquisitos y aposentos suntuosos, de modo semejante quizás a lo que acontecía con el duque, de quien se decía en Florencia que era un lombardo cerrero, pero quien, en su fuero más íntimo, si bien no poseía refinamiento, sí mostraba interés hacia las artes, ya que engalanaban el poder, y estaba muy dispuesto a patrocinar las grandes obras, siempre que le dieran realce a su ducado.

Pero así como los grandes edificios góticos tenían a menudo un laberinto cifrado en plena nave principal, Ludovico, a quien apodaban *il Moro* debido a su tez oscura, solía maquinar en su pensamiento una serie de maniobras sin reparos en lo moral, al lado de las cuales el mismo pigmento de su tez le habría merecido como apelativo *il Albino*. Su padre, Francesco Sforza, militar a sueldo que había ganado a fuego el gobierno del milanesado, dejó al morir veinte hijos entre legítimos y dispersos, fecunda muestra de su poder como guerrero. Ludovico era el cuarto y por tanto no podía heredar el gobierno, que le correspondía a Galeazzo-Maria. Sólo que éste murió apuñalado en la Navidad de 1476, en la iglesia de San Sátiro, y puesto que el heredero natural, el huérfano Gian-Galeazzo, tenía entonces la prometedora edad de seis años, la viuda, Bona de Saboya, asumió la regencia mientras su hijo crecía.

Más rápido creció la conspiración en torno a ella, en busca de instalar en el poder al segundo hijo legítimo de Francesco, que tampoco era Ludovico. Aconsejada por sus ministros, Bona desterró al cardenal Ascagnio y a Roberto Sanseverino, cabecillas de la conjura, y envió a Ludovico a Pisa, aunque él se había mantenido al margen, ya que hay un tiempo para la siembra y otro para la cosecha. Cuando consideró que llegaba la hora, Ludovico atacó Lombardía con el ejército de Sanseverino, se tomó las poblaciones vecinas a Milán sin necesidad de desenvainar la espada y se apareció solo ante su cuñada, a quien le manifestó su horror a la sangre y la convenció de cederle el manejo del Estado evitando así las crueldades de la guerra. Como no a todos se los podía someter por medio de persuasión, logró que el mismo Sanseverino decapitara al ministro de confianza de Bona y luego hizo pública la acusación del crimen cometido por Sanseverino, que huyó a refugiarse en la Serenísima República de Venecia.

Ludovico se hizo cargo de la educación de su sobrino, único heredero al trono, y mantuvo en secreto los vergonzosos amores de Bona de Saboya con un simple mayordomo; pero cuando consideró que era el momento, el telón se descorrió y todos los milaneses se burlaron de la dama. A Ludovico, todavía duque de Bari, le bastó con desterrar al mayordomo, detrás del cual habría de huir su cuñada sin hijo, sin trono y sin decoro. Para fortalecerse ante la amenaza que representaba Sanseverino como jefe militar en Venecia, il Moro concertó su propia boda con la hija del duque de Ferrara, Beatrice d'Este, ya que el Estado de Ferrara lindaba con la República Serenísima y serviría de ancha retranca. La boda, sin embargo, debía posponerse durante una década, pues cuando Leonardo llegó a Milán la novia tenía cinco años. Leonardo también tendría que aguardar otro tanto para ser admitido en el castillo como ingeniero de la corte Sforza, pues, por el momento, mal disfrazado de guerrero ante un guerrero astutamente disfrazado de pacifista, no contaba aún con el prestigio requerido para que Ludovico lo contratara.

Una pugna entre luces y sombras

Los hermanos Ambrogio y Evangelista da Predis estaban al frente de un grupo de artistas, y en su taller, influenciado por la severidad de las escuelas flamencas, se profesaba no obstante una admiración elevada hacia los autores florentinos, especialmente en lo relativo a las técnicas de la perspectiva. Enterados de que el maestro Da Vinci se hallaba en Milán, le pidieron que les diese unas lecciones a sus discípulos más avanzados, pero Leonardo decidió que tendría que comenzar por los directores, quienes a su juicio no entendían bien en qué consistía el acto de *ver*. De ahí que tomase como residencia el taller, situado en Porta Ticinese, y la enseñanza por oficio, mientras le confiaban algún proyecto arquitectónico, que era lo que en realidad le interesaba.

—Todo ocurre por emanación —explicaba—, pero no del ojo hacia los objetos, como decían los antiguos y lo sigue creyendo todo el mundo. Si de supuestas partículas enviadas desde el ojo dependiera que distinguiésemos un objeto, tardaríamos una semana en divisar la luna, cuando nos basta con dirigir la mirada hacia ella para verla. Es al contrario: cada vez que la luz los golpea, los cuerpos despliegan uno a uno su imagen y el aire las recoge y las transmite hasta el ojo, que las atrae con más rapidez que una piedra de imán a las escamas de escoria.

También como un imán su figura atrajo la atención de los monjes de la Confraternità dell'Immacolata Concezione, que lo contrataron como maestro principal, con los hermanos Da

Predis, para pintar un gran retablo que tendría como motivo central a la Inmaculada con el Niño. La concepción sin mancha, al ser considerada como una creencia de origen oriental, no era un dogma aceptado por la Iglesia de Roma (sólo sería sancionado como tal a mediados del siglo XIX), pero 100 años atrás contaba ya con una orden de caballería en su honor, la de Nuestra Señora de la Esperanza. En la época, además del papa Sixto IV la apoyaban unas cuantas congregaciones de franciscanos, entre ellas, desde luego, la cofradía contratante.

Leonardo se había interesado por asuntos relativos a la embriología y pensó que se entendería de maravillas con estos siervos de san Francisco. Luego de minuciosos estudios y pruebas, había llegado a concluir que, durante la gestación, una sola y la misma alma gobernaba los organismos de la mujer y del hijo que iba creciendo en su vientre. Se abstuvo de decir que pese a ello no hallaba continuidad alguna entre el sistema vascular de la madre y el de la criatura envuelta en la placenta, y también calló lo que tenía por uno de sus mayores descubrimientos: la constatación de que en ningún otro mamífero, aparte de la especie humana, el cordón umbilical medía tanto como el tamaño mismo del feto en cada etapa de su progreso. Le pareció, sin embargo, que el contrato se inmiscuía en asuntos de arte, lo cual daba lugar a una rigidez que no había conocido en Florencia, ya que no se contentaba con las cláusulas habituales sino que estipulaba

Todos los cuerpos en común, y cada uno por sí solo, colman el aire circundante con sus infinitas imágenes, que están completas en el todo y en la parte, y llevan consigo las cualidades de forma, color y figura del cuerpo que las causa.

cuántos profetas y cuántos ángeles debían rodear a la Virgen, y con cuánta cantidad de lapislázuli debía pintarse su manto y hasta qué tipo de dorado debían llevar las aureolas de todos. Por eso no se privó de hacer un comentario, advirtiendo sí que se trataba de un pequeño aporte anatómico en vista de las dificultades que debían superar los traductores bíblicos.

—Cuando la joven María visita a su prima Isabel, quien ha vencido la esterilidad y se encuentra embarazada a una edad tan tardía —recordó Leonardo—, se dice que, tan pronto la vio, Isabel oyó la sonrisa gozosa de su hijo en el vientre. Pero quizás sería más ajustado a la naturaleza si en la descripción se omitieran las sonrisas, ya que, dentro del líquido amniótico en el que se gestan, los fetos no respiran, puesto que se ahogarían de inmediato.

El hermano Agostino dei Ferreri, abad de la Confraternidad de la Inmaculada Concepción de la Virgen María, apreció que el pintor conociera los detalles del evangelio de san Lucas, y con una sonrisa de superior se limitó a precisar:

—Los milagros, querido magíster Leonardo de Vintiis Fiorentino —le entregó la pluma y le señaló el punto donde debía firmar—, están dispensados de ajustarse a la naturaleza.

Para ubicar la escena, Leonardo no se apoyó en el evangelio de san Lucas, sino en el que Orígenes llamaba *Libro de Santiago*, entre los textos documentales el más detallado en los episodios de la Natividad, pero no por ello aceptado por la Iglesia de Roma, así su autor pretendiese hacerse pasar por hermano del mismo Cristo. Pero no fue debido a eso por lo que el proyecto terminó convirtiéndose en uno de los litigios más duraderos en toda la historia de los cuadros devotos, sino por la libre interpretación de Leonardo, que desconcertó a clero y feligresía. Desde el inicio, los asistentes al taller de Porta Ticinese y los Da Predis, a quienes les correspondía ocuparse de las molduras, labrados y demás aspectos externos del retablo, así como de los ángeles en los paneles laterales, vieron estupefactos cómo el maestro florentino daba la impresión de ahogar la gran tabla central con unas capas resinosas de un barniz oliente y sombrío, que más parecía una pez de impermeabilizar que una preparación apta para recibir encima la belleza de las siluetas sobrenaturales que él mismo había preparado en los cartones.

—La obra debe resultar de un combate semejante a ése —decía Leonardo, aludiendo al evangelio de san Juan, en cuyo prólogo se narra cómo la luz del *logos* lucha por vencer a las sombras de la ignorancia.

Era un principio ya practicado por el artista en obras que dejó sin concluir, y aunque esta vez el cuadro sí habría de ver la luz, el combate le tomaría tres años con los pigmentos y dos décadas en los tribunales. Después de prórrogas que quintuplicaban el tiempo pactado al inicio, el retablo estuvo listo por fin y fue instalado en el altar mayor de la iglesia de San Francesco, justo para un 8 de diciembre, día de la Inmaculada Concepción. Ningún cuadro causó más reacciones contrarias entre doctos, creyentes y curiosos en la Lombardía de entonces. Los frailes lo devolvieron a su autor, con una lista de las dudas más reiteradas que habían logrado recoger: ¿por qué se había escenificado el episodio en una especie de socavón?

¿Cuál de los dos niños era Jesús y a qué se debía que resultaran tan parecidos? ¿En virtud de qué nadie portaba nimbo de santidad? ¿Quién era la otra dama fuera de la Virgen, acaso Isabel? De ser así, ¿por qué se veía tan joven y por qué señalaba con el dedo índice, lo cual constituía un gesto vulgar?

Para los Da Predis, en cambio, que habían seguido paso a paso la elaboración de la tabla, cada rizo, cada sombra, cada hoja de helecho y cada peña constituían una lección insuperable. ¡Cuánta sabiduría había detrás de esos tres años de pinceladas superpuestas! Como artistas, señalaron el contraste entre la abrupta desmesura de las rocas y la sutil belleza de las figuras, mostraron que la claridad diurna, que se deslizaba desde las anfractuosidades del fondo como si fuera un hilo de arroyo, era casi opalescente al compararla con la luz que envolvía a los cuatro personajes como un fulgor verdadero. Como discípulos del maestro florentino, hablaron del tejido que formaban las miradas, articulado con la actitud de las manos. La de la Virgen, que caía en forma tenue desde el ápice abarcando en su recorrido la pirámide de sus criaturas, como si al hacerlo les procurara la calidez de un abrazo; la del ángel Ariel, que al dirigirse hacia el exterior de la escena recogía la mirada del espectador, y al señalar con su dedo la remitía a la del pequeño Juan, hincado en gesto de adoración hacia su primo elegido; y finalmente la del Niño, que sostenido por el ángel y aureolado por el magnetismo que parecía brotar de la mano materna, hacía un gesto de saludo, que si se miraba con atención salía hacia este lado de las aguas, de la gruta y de la escena.

—Se diría un *ricercar* —concluyeron, significando esa nueva forma musical que hacía las veces de preludio—: una polifonía tocada con oboe, flauta, pífano y caramillo.

Luego de escuchar y de tomar nota de todo, los franciscanos respondieron que si habían contratado a un gran artista era precisamente porque no tenía caso hacer turnos de vigilia al pie del cuadro para explicarle a cada feligrés que esa señorita sin alas era un ángel, que ese paisaje melancólico provenía de un evangelio apócrifo, que el niño que está mejor ubicado no era Dios sino Juan, que el parecido tan estrecho entre los dos se debía a que eran primos gemelos, y que en eso consistía el homenaje a la Inmaculada Concepción. El hermano Agostino, quien, al igual que Leonardo,

El alma de la madre primero compone en el útero la figura del hombre, y en el momento justo despierta el alma que lo habrá de habitar. Mientras tanto lo nutre y vivifica por la vena umbilical, con todas sus partes espirituales, y esto ocurre porque el ombligo está unido a la placenta y a los cotiledones [...] El resto de la definición del alma se la dejo a la imaginación de los frailes, quienes saben todos los secretos por inspiración.

había permanecido atento a los argumentos que se debatían, pero sin intervenir en la discusión, tomó entonces la palabra.

—Lo único que pedimos —dijo, mirando a Leonardo— es que *il volgo* pueda entender la escena representada, pues sólo a la gente sencilla está dirigida nuestra misión.

—Según parece, ilustrísimo abad —dijo Leonardo—, los misterios están dispensados de ajustarse al entendimiento vulgar. Debería estarlo también el arte con que se evocan.

Era sólo el primer episodio en la disputa entre los representantes de la religión y los del arte por el cumplimiento de

una obligación pactada. Quedaba un largo camino de deman-
das, audiencias, derechos de súplica, apelaciones, emplaza-
mientos, jueces, arbitrios y demás diligencias de un proceso
que a quien lo hubiese previsto le habría llenado el horizonte
de tinieblas. Desde cuando se lo devolvieron, Leonardo guar-
dó consigo el cuadro que los franciscanos llamaban *La Virgen al óleo* y los artistas *La Virgen de las rocas*, y que ahora
con más razones representaba para él un combate entre la luz
y las sombras.

Un espíritu de alto vuelo

Paradójicamente, aquellos tiempos de controversia le dieron
a Leonardo un singular realce en la sociedad milanesa. Su
figura se volvió objeto de rumores contradictorios. Se hablaba de sus extraños inventos, de un espejo octogonal capaz de
duplicar la imagen de toda persona, de unas puertas que
mediante contrapesos se abrían sin que nadie las empujara,
de un tambor con baquetas impulsadas por resortes, que redo-
blaban a velocidades que una mano no alcanzaría; en fin, de
objetos acerca de los cuales no resultaba fácil decidir si eran
adelantos o diabluras. Así, mientras los unos lo consideraban un sabio versado incluso en los secretos del sistema nervio-
so, los otros lo señalaban como un hereje temerario que solía
dormir con una calavera en la mesa. Ahora contaba con varios discípulos, cuyos padres pagaban por que el maestro les
comunicase su saber, y a Leonardo le tocaba repartir los gra-
nos de arena de su tiempo en montoncitos equitativos, de

forma que le alcanzasen para cumplir con los encargos y dar también las lecciones; pero, sobre todo, para proseguir con sus estudios.

Era normal encontrarlo frente al Duomo, a San Sátiro, a Santa María de las Gracias o a cualquiera de las grandes obras arquitectónicas que se erigían en la ciudad, trazando croquis de cruces griegas y haciendo conjeturas sobre la profundidad de los basamentos o el peso óptimo que debería llevar el ábside. Pero también acostumbraba salir muy temprano a los campos y bosques, con frutas, queso, olivas, pan y vino por provisiones, y con su libreta de notas atada siempre al cinturón. En las noches, sentado al pie de su lámpara, de la que algunos aseguraban que era posible graduar al gusto la intensidad de la llama, consultaba algunos libros y los comparaba con sus apuntes, sacaba conclusiones y se planteaba nuevas preguntas.

—¿Por qué el diluvio del tiempo de Noé —interrogaba al día siguiente a sus discípulos, cuando estaban tratando de pintar un aluvión— no pudo ser el causante de arrastrar los fósiles marinos hasta la cumbre de las montañas?

Y para desterrar de sus rostros la incertidumbre les explicaba que el movimiento de una concha no superaba los tres metros por día en marea alta, así que en los 40 días de lluvia incesante según el relato bíblico, era imposible recorrer la distancia entre el mar Adriático y el Monferrato, de casi 400 km. Y esto suponiendo que nuestra Tierra, que por tener *superfizie sperica* obligaba a todos sus puntos a equidistar de su centro, al hallarse enteramente anegada permitiese que sus aguas se movieran, ya que el agua en sí misma carecía de movimiento a menos que su nivel descendiese en los puntos hacia donde fuese arrastrado su curso.

Pero su mayor tiempo lo consagraba a mirar y mirar aves. Los sacerdotes o *arúspices* de la antigua Etruria, ancestros de los toscanos, habían aprendido de los griegos a interpretar los gritos y el vuelo de los pájaros, en especial de los rapaces, pues, intermediarios entre los cielos y la tierra, eran portadores de señales divinas para que las descifraran los hombres. Los romanos, sucesores del pueblo etrusco, elevaron tal práctica al nivel de institución, la ornitomancia, y el mayor privilegio concedido a un magistrado era el de captar los *auspicios* o signos de los dioses transmitidos a través de las aves, para lo cual contaban con un intérprete sacerdotal, el *augur*, y numerosas tablas codificadas, los *libri augurales*. De hecho, el mismo vocablo *avis* contenía los dos significados de *ave* y *presagio*, empleados en el uso corriente de la lengua imperial. La religión del Cristo había rechazado esas formas de la adivinación, pero mantenía los enviados celestiales de la religión de Moisés, especie híbrida de ave y criatura asexuada, portadores de claves de Dios —la voz *angelo* venía del griego ἄγγελος o *ángelos*, es decir, *mensajero*—, cuya intervención decidía el curso de los acontecimientos.

Leonardo se valió de la misma atención que ponían los videntes de esas culturas al interpretar los signos del destino o *fatum*, pero no la empleó en la observación de las aves, sino en la lectura de los textos proféticos dejados por aquellos hombres de inspiración elevada. Sólo que lo hizo con humor.

De ellos extrajo cuidadosamente el tono solemne, el sentido admonitorio y la estructura alegórica, y se propuso elaborar un tratado en el que pudiera anunciar verdades que solemos pasar por alto al calificarlas de triviales. "Una gran parte del mar volará hacia el cielo y no regresará por largo tiempo", decía una de sus profecías, la referida a las nubes. "Grandes honores y ceremonias serán tributados a los hombres sin darse ellos cuenta", enunciaba otra, atinente a los funerales pomposos. "Habrá cosas que descenderán de las alturas con ímpetu y nos darán alimento y luz", decía una más, refiriéndose a las aceitunas que caen de los olivos y proveen el aceite para las lámparas.

En cambio, al observar las aves adoptaba una actitud muy diferente, pues el único secreto de que pretendía despojarlas era el del mecanismo mediante el cual conseguían surcar los aires. Por ello iba a diario a cierto recodo del bosque y pasaba horas estáticas encaramado en las ramas de un árbol, con sus ojos atentos y maravillados y su mano *sinistra* ágil y obediente en la labor del dibujo. Notaba que para agitar las alas, sostenerse, dirigir su curso y equilibrarse, las aves sólo utilizaban un mínimo de su fuerza, la cual requerían en toda su capacidad cuando se trataba más bien de escapar de un cazador o cuando ejercían ellas a su vez las facultades de su instinto predatorio. Que pudieran llevar en sus garras un pato o una liebre, de peso igual o superior al que ellas mismas poseían, no lo sorprendía, pues también el hombre estaba dotado con una capacidad de resistencia mucho mayor a la que requería para andar erguido. Para probar esto último seguía una variante del principio de Arquímedes. Le bastaba con comparar la profundidad de sus huellas en la arena con la alcanzada al llevar en sus hombros a otro semejante, la cual a su vez resultaba inferior a la que se marcaba cuando, ahora solo, enterraba sus pies al caer después de un salto.

Analizaba la constitución de las aves, veía que una sola pieza configuraba el hueso del pecho, que la carne de los músculos era considerablemente dura y que las alas estaban formadas por grandes nervios y fuertes ligamentos de cartílagos, que los tendones de la parte baja de esos apéndices eran más fuertes que los de arriba, que las plumas más ligeras estaban situadas por debajo de las más resistentes y que las más largas, al no estar cubiertas por otras, exhibían una flexibilidad incomparable en el aparato del vuelo. Eran máquinas vivientes de una simple perfección. Observando lo que las alas del pájaro

Cuando las sustancias pesadas descienden por el aire, y el aire se mueve en dirección contraria para llenar continuamente el espacio evacuado por aquellas, el movimiento del aire hace una curva.

le hacían al aire y lo que el aire le hacía al velamen de una embarcación, llegó a formular una ley sin precedentes: "El cuerpo ejerce tanta presión contra el aire como el aire contra el cuerpo".

Leonardo da Vinci fue el primer ser humano que fabricó avioncitos de papel. Con ellos pudo experimentar lo que su observación le dictaba, y de ese modo salió a la luz el secreto que mantenía a las aves flotando en un elemento tan ligero como el aire: el dispar recorrido de éste por encima y debajo del cuerpo. Este era el punto clave, y como había advertido que "el ala de las aves es siempre cóncava en la parte inferior", desde el codo hasta la espalda, y que "el resto es convexo", dedujo que el aire se arremolinaba en la parte cóncava, en tanto que en la convexa era presionado y condensado. Este efecto desigual, de condensación y enrarecimiento del mismo aire que debe recorrer en dos velocidades diferentes el trayecto para llenar el vacío dejado por el cuerpo al avanzar, era lo que mantenía a las aves sin esfuerzo. "Si el aire no se condensara bajo la velocidad de la sustancia pesada", concluyó, "los pájaros no podrían mantenerse en el aire golpeado por ellos".

Había resuelto el enigma del vuelo, siempre que se estuviera ya en el aire. Faltaba dotar al cuerpo con unas alas artificiales, sustitutos de esa fuerza capaz de elevar la inteligencia a la altura del desafío. Ahora tendría que apelar a su conocimiento de los tres principios mecánicos que potenciaban la fuerza del trabajo —polea, resorte, rueda dentada—, y ponerlo al servicio de su empresa. Todavía su cuerpo estaba en tierra, aunque su mente ya había aprendido a volar. Pero como el destino o *fatum* no cambia si es un ingeniero y no una sibila quien comienza a descifrar los signos de su lenguaje, he aquí que a Leonardo le llegó de pronto un comunicado del duque: al fin quedaba contratado para trabajar en la corte.

Un hombre de corte plural

El hombre más poderoso del ducado más poderoso de entonces llamó a Leonardo para que se pusiese a su servicio, pero no con objeto de que prosiguiese sus experimentos sobre el vuelo ni sus investigaciones sobre el funcionamiento del corazón, que tanto interesaban al florentino, sino para que se ocupase de cuestiones más importantes para un monarca. Pues, a fin de consolidarse en el trono que había usurpado tiempo atrás, Ludovico tenía que atender asuntos definitivos y diversos, de modo que le asignó delicadas misiones a Leonardo: en cuanto a las cortesanas del duque, hacerle un retrato a cada una; en cuanto al heredero legítimo, organizarle una fiesta; y en cuanto a la memoria de su padre, erigirle un monumento.

Mientras su prometida, Beatrice d'Este, día a día avanzaba hacia la edad en que habría de hacerse núbil, Ludovico, fiel a la palabra jurada, se resignaba a tener tan sólo amantes. Y también hijos, no más de tres por cada una. Cecilia Gallerani fue la primera amante retratada; Lucrezia Crivelli, la segunda. El penetrante naturalismo con que el pintor había plasmado la aspereza de Ginevra Benci años atrás, se transformó ahora en algo más liviano, más juguetón pero también más misterioso. Eligió un fondo negro para los retratos pedidos, y todo se concentró en el interior de las figuras. De trajes ornados y amplios escotes rectangulares emergían los finos cuellos de junco que sólo una mano real tenía derecho a acariciar.

El principio de entorchado que seguían los surcos de un tornillo fue el mismo que le permitió encontrar la postura ideal de sus modelos. El torso nunca de frente sino en esa posición oblicua que, a pesar de corresponder a ángulos modestos, la nomenclatura de la época había popularizado como de *tres cuartos*; el rostro nunca en la dirección del torso sino, respecto de éste, en un nuevo giro de "tres cuartos"; y la mirada nunca orientada según lo indicase la cara, sino en un corrimiento adicional, una última rotación de "tres cuartos", de modo que el todo configurase esa fina actitud de helicoide, esa suerte de equilibrio grácil y dinámico, como si el encanto que habitase en aquellas preferidas ducales creciese en forma de espiral. A Cecilia Gallerani le obsequió, además, un armiño virginal para que se entretuvieran sus dedos interminables; cabía esperar que la dama y el animalito se intercambiaran sus atributos, al fin y al cabo *armiño* provenía del griego *γαλέ* o *galé*, la propia substancia de su nombre.

Il Moro quedó muy complacido con el agrado que sintieron sus cortesanas, pero altos negocios solicitaban su atención en esos años, y el pretexto fueron las sucesivas bodas reales. El 13 de enero de 1490 tuvo lugar la celebración conocida en todas las casas reales como *Il Paradiso*, gracias al trabajo de Leonardo. Para el porvenir del ducado se jugaba algo más importante que la inocua felicidad de sus herederos sin trono o la bullosa alegría de su pueblo: el prestigio. Ludovico le suministró todos los recursos a Leonardo. El artista de la aldea de Vinci acostumbraba trabajar solo; por esos días, su mayor realización en equipo consistía en ponerse de acuerdo con el destazador, en las madrugadas del matadero, para que éste comenzase el corte de la carne por los miembros mientras él observaba el corazón de los novillos. Pero se halló de pronto al frente de una responsabilidad enorme, con más de un centenar de colaboradores bajo su mando, entre poetas y utileros, músicos y peones, actores, artesanos y escultores. Leonardo dirigió a los diseñadores, estableció las pautas de movimiento con los escenógrafos, estudió el libreto con el poeta Bellincione y decidió la melodía con los cantantes, y sobre todo construyó la intrincada maquinaria que sería una réplica del universo y cuya exhibición se habría de comentar en todo el universo de entonces. Sólo se sintió frustrado por no tener tiempo de visitar a Piero della Francesca, que trabajaba en la corte de Urbino, pues hubiera querido contar con sus conocimientos en óptica, perspectiva y matemáticas para situar correctamente las órbitas de los planetas; fue ésta una visita que quedaría por siempre pendiente.

Luego de brindis, banquetes y bailes, al filo de la media noche, hora que al igual que la fecha había sido elegida por Ambrogio da Varese, astrólogo de la corte, Ludovico pasó al centro del escenario en el que habitualmente oía la misa, y la música se detuvo. Al descorrerse el telón, los monarcas invitados, que creían ya haberlo visto todo en un mundo del cual eran casi por completo sus dueños, quedaron sin aliento ante el espectáculo que se desplegó. Era el mundo, con su noche apretada y serena contenida en una bóveda hemisférica, con sus miles de estrellas temblorosas de puro frío celestial, con su abismo sin nadir, con sus doce signos zodiacales, cada uno iluminado bajo una forma de liturgia y un color respectivo, y con los siete planetas existentes, como livianos seres de luz, girando en rutas precisas, cadenciosas, interminables. Aquella maquinaria imposible, o *Máscara de los planetas*, tenía un cerro por el cual descendía Apolo a cantar loas de bienvenida a Isabel de Aragón, el *Paraíso*.

En esa sola noche, en la que el ingenio sobrepasó la altura de la opulencia, la corte de Milán alcanzó un esplendor comparable al que había afamado por décadas a los Montefeltro en Urbino, a los Medici en Florencia y a los D'Este en la cercana y culta Ferrara. De inmediato Leonardo fue ascendido de *ingeniarius ducalis* al rango superior de *ingeniarius cameraris*, distinción conferida sólo a tres hombres de notoriedad antes que a él, entre los cuales se hallaba Bramante. Así, para cada uno de los enlaces que Ludovico fue programando, Leonardo actuó como canciller y coreógrafo, como director de teatro y como ingeniero creativo. Comenzando por la misma boda del duque con Beatrice d'Este y

> Todo hombre se halla en el centro de la superficie de la Tierra y bajo el cenit de su propio hemisferio. La luna es fría y húmeda. El agua también es fría y húmeda. Por tanto, nuestros mares han de verse desde la Luna como la Luna se nos aparece a nosotros.

siguiendo con la de su propia hija, Bianca, con Galeazo Sanseverino, jefe capitán de sus ejércitos; la niña no había cumplido nueve años cuando se desposó con el condecorado militar.

A Leonardo le quedaba muy poco tiempo para avanzar en sus investigaciones sobre el *sæptum* o corazón, y tenía dudas acerca de la validez de las teorías de Galeno, según las cuales la sangre, que gracias a la aspiración del aire se llenaba del *spirito vitale* en el ventrículo izquierdo, *additamento sinistro*, podía atravesar la pared interna del corazón para dar con el inicio de la arteria que la distribuiría por todo el cuerpo: por mucho que agudizase su vista no distinguía los finos conductos que se creían incrustados en la pared. Contaba con discípulos de todo su aprecio y su confianza, como el aventajado aristócrata Marco d'Oggione, a quien dirigía en pintura, pero los arcanos del *sæptum* eran cuestiones que no podía delegar.

Y como si fuera poco, le dio por hacerse cargo del desharrapado hijo de un campesino, niño de diez años que tenía en belleza bruta lo que le faltaba en talento, a no ser para la trampa, el pillaje, el desorden y la traición. Su nombre era Giacomo pero, luego de las primeras semanas, Leonardo comenzó a llamarlo *Salai*, que en dialecto era *demonio*. Robaba a su padre adoptivo, tumbaba los platos y las copas en las comidas de invitación, mentía si lo acusaban y se destacaba en toda clase de hechos menudos, siempre que contrariaran a Leonardo. Éste, que trataba de llevar registro de los gastos que su nueva responsabilidad le ocasionaba, a veces anotaba el dinero que aquel angelito le sustraía o los destrozos que causaba en una cena, a veces también la magnífica pieza de cuero turco con que pensaba mandarse hacer unas botas y que el pilluelo le hurtó. En ocasiones se limitaba a anotar: "Salai: ladrón, mentiroso, obstinado y bribón". Resultaba inexplicable que a un artista a quien le había costado tanto hacer su ingreso en la corte, ahora, con un mínimo desahogo financiero y un gran porvenir inmediato, le diese por criar a un pícaro ajeno que fuera de desacreditarlo lo timaba. Pero es que el corazón de un ser humano, ese *sæptum* de varios ventrículos, es una cálida posada en la que, al lado de lo conocido, se aloja también lo extraño.

Un poco de neblina en la cumbre

Leonardo tenía grandes compromisos de trabajo y el principal era, sin duda, la ejecución de un monumento ecuestre para honrar la memoria de Francesco Sforza, padre de Ludovico. Pero aun si a primera vista no pareciera que el tamaño de la escultura debiese indicar el de las hazañas de quien estaría con ella representado, el artista sintió que este era el modo de llevar a la práctica las enseñanzas que en esa materia había recibido del gran maestro Andrea, fallecido años atrás, precisamente cuando se hallaba en proceso de fundición del caballo de bronce para el monumento a Bartolomeo Colleoni en Venecia. El trabajo sufrió más dilaciones de las que estaba dispuesta a soportar la necesidad de brillo en Ludovico, y ello se debió no sólo a la enorme dimensión del proyecto, pues los más de siete metros de elevación, sin contar el pedestal, casi duplicaban lo alcanzado por el bronce del *Gattamelata* de Donatello, la estatua ecuestre más grande y celebrada de su siglo, sino por el estudio de la anatomía equina que desarrolló Leonardo para ponerse a la altura de semejante desafío.

Además, de cuando en cuando debía trasladarse a la ciudad vecina para supervisar planos, alzado y diseño de planta de la cartuja de Pavía, propiedad del duque, desde luego. Tuvo el cargo de supervisor pero no le fue asignada obra alguna como arquitecto, que era la profesión más reputada para todo artista en ese tiempo. Pudo sí ayudar en la construcción de un ábside para la catedral de Milán, y pese a que obtuvo la financiación requerida para restaurar una iglesia deteriorada, los directores de obra se negaron a secundarlo. Es que sus ideas en la materia, si bien suscitaban la admiración de Bramante, resultaban incomprensibles para los constructores de entonces. Al igual que Alberti, Filarete y otros destacados arquitectos que compartían la visión platonista que se alentaba en Florencia, Leonardo pensaba que los edificios debían erigirse de acuerdo con la armonía del cuerpo humano. Se consideraba a sí mismo como un médico-arquitecto que debía atender la *salud* de la *doliente catedral*, y su terminología, entre anatómica y terapéutica, en la que *zócalo* se decía *calcañar* y *crucería* se cambiaba por *costillas*, confundía a los albañiles.

Fue también por ese tiempo, y más precisamente el 12 de octubre de 1492, cuando tuvo lugar un hecho irreversible en personas que, como Leonardo, procuraban estar al tanto de los descubrimientos importantes y de las fuerzas verdaderas que movían el curso de la historia: murió Piero della Francesca.

Pero también apareció alguien en la vida de Leonardo. El 16 de julio de 1494, según anotó con una precisión inusual en un cuaderno de cuentas, llegó a su casa una mujer campesina, casi anciana, con las manos apomazadas de quien ha cribado con ellas la tierra y con ese vestigio de vigor de quien ha vivido siempre en pie. Se llamaba Caterina y algunos cercanos pensaban que podría ser pariente del sabio, quizás incluso su madre, aunque con toda evidencia era una mujer iletrada. Pero la distinción del porte de Leonardo y la ascendencia natural de su genio, que los demás percibían como irradiaciones de su aura, impedían que alguien fuera a importunar al maestro con una inquietud indebida, así que se limitaron a convivir con aquella advenediza silenciosa, que a veces aguardaba hasta tarde a Leonardo para que comiera los guisantes y el pan de trigo candeal que ella misma le amasaba.

No obstante las sucesivas postergaciones que había sufrido el proyecto monumental en memoria del *condottiere* Sforza, llegó el día en que la maqueta en arcilla y escayola estuvo lista. Más que por sus colosales proporciones, fue por su belleza sin par que se exhibió al público como si fuera una obra definitiva. Ninguna escultura terminada logró despertar los elogios de aquel simulacro hecho de tierra que, como las criaturas de Adán, sólo aguardaba un soplido de su creador para correr hacia Oriente. El *Castello Sforzesco* nunca se vio tan visitado. Los ojos humildes de Caterina también se alzaron para ver esa cosa grande a la que se debían tantos tumultos, y aunque nada entendía de ese mundo tan extraño, sí sabía que las habas de esa noche tendrían un motivo particular, como cuando se agrega a los aliños del guiso unas hebras de azafrán.

Leonardo se había convertido en el hombre más sabio, más versátil y más capaz de la encumbrada corte milanesa, y contaba no sólo con prestigio sino con obras tangibles, y no sólo con discípulos sino con trabajadores al servicio de sus proyectos. Durante el invierno de 1494 y la primavera del año siguiente el artista estuvo entregado a las etapas preliminares antes de fundir las superlativas cantidades de bronce exigidas para culminar con éxito su empresa portentosa como escultor. Muchos estudios había realizado acerca del centro de gravedad de un caballo cuando se para en dos patas, y aun-

LEONARDO DA VINCI

que sabía que el bronce no se tiene que regir por las mismas leyes del organismo viviente, estaba resuelto a dar el paso definitivo. Al fin y al cabo todos sus caballos se equilibraban magníficamente en los cartones preparatorios, y el corcel de yeso llevaba ya varios meses soportando miradas, conjeturas y gestos de asombro. Ya era hora de fabricar el horno en que habrían de ser coladas las carretadas y carretadas de bronce. Sólo que las fronteras de la península se diluyeron con más apremio que el cobre y el estaño en el proceso de aleación.

Dos años atrás habían muerto el gran Lorenzo y el papa Inocencio VIII, y sus sucesores replantearon las alianzas con un resultado adverso a los intereses del Moro. Florencia hizo un pacto con Nápoles, tradicional enemigo de Milán, y Rodrigo Borgia, que asumió el pontificado de Roma bajo el nombre de Alejandro VI, detestaba a Ludovico. Éste dirigió entonces la mirada hacia las potencias del norte y las alentó para que entraran a poner orden en los Estados de la península. Sólo que cuando supo que estaban a una tarde de que invadieran también

Sobre la configuración de los elementos, y ante todo me opongo a aquellos que niegan la opinión de Platón, aduciendo que si los elementos se incluyesen uno dentro de otro en la forma descrita por Platón, causarían un vacío entre uno y otro. Digo que no es cierto y aquí lo pruebo.

Milán, Ludovico se vio obligado a cambiar de estrategia en forma repentina. Formó velozmente una alianza de supervivencia con España, el Sacro Imperio Germánico, la República de Venecia y el Estado Pontificio para detener a los franceses, cosa que se logró en la batalla de Fornovo, en la cual la mitad de los disparos se hicieron con los cañones de bronce que, sin los desórdenes del mundo, habrían dado lugar a un caballo y un guerrero hechos por la mano de un gran artista.

Mientras tanto, la furtiva anciana que daba en llamarse Caterina cayó enferma, y Leonardo asumió todos los gastos de hospitalización, así como a los pocos días también los del funeral. Por los estipendios del féretro, de los velones, de la carreta, de los portadores, de los sacerdotes y clérigos, de la campana y la esponja, del sepulturero y el deán, y, en fin, también del permiso oficial, no se diría que fue un entierro austero. Pero no se permitió en ella ninguna clase de oropel, sólo la sobriedad, el íntimo dolor y la grave atmósfera impuesta por el silencio.

Un cuerpo para el mundo entero

Luca Pacioli era originario de la misma aldea toscana de Borgo San Sepolcro donde nació el gran Piero della Francesca, su maestro y amigo, pero después de recibir las órdenes franciscanas había preferido omitir su nombre de familia y hacerse conocer o bien como Luca di Borgo San Sepolcro, si iba a firmar un tratado de matemáticas, o bien como el *frate* Luca, si iba a dar sus solicitadas lecciones. Pocos contemporáneos suyos fueron más itinerantes que este fraile peregrino. Desde Nápoles hasta Venecia, por las más prestigiosas universidades divulgó el conocimiento matemático, y ello con el mismo fervor que ponían sus hermanos de orden al dar a conocer las enseñanzas de san Francisco, lo cual le significó amenaza de excomunión. Ludovico lo había contratado para que residiese en Milán y escribiese un tratado de matemáticas en compañía de Leonardo da Vinci, a quien presentó como el hombre más sabio y el mejor anfitrión de su corte. A raíz de la afinidad que se estableció desde el primer instante, artista y matemático formaron una estrecha amistad intelectual que habría de reportar grandes frutos durante los cinco años de convivencia. Con Pacioli, Leonardo pudo expresar a sus anchas la íntima relación que intuía en temas del todo desconectados para los demás.

—¿No cree usted, *frate* Luca, que el agua es como el aire? —le preguntaba Leonardo.

—Por algo son los dos elementos intermedios, querido sabio —respondía el matemático—. Vinculan a la tierra con el fuego.

Desde cuando había presentido que aquellos dos elementos se comportaban en forma muy semejante, salvo que el aire se dejaba comprimir mientras que el agua no, Leonardo llevaba a cabo experimentos con el uno para sacar conclusiones sobre el otro. Sus mediciones acerca de los vientos, por ejemplo, que soplaban con más fuerza al pasar entre dos montañas adyacentes, pues se cerraba su paso sin que por eso disminuyese la cantidad de aire en curso, y que perdían su ímpetu tan pronto se ensanchaba de nuevo el espacio abarcado, le permitían descubrir que también una corriente de agua, al salir de una angostura, se frenaba. Dentro de esa misma intuición asociativa los ríos tenían en común con las plantas la cantidad de materia disgregada, el ramaje en éstas, los brazos derivados en aquéllos, pues, al apretar unas contra otras

Leonardo Venegas

las ramas de un arbusto cualquiera hasta no dejar vacíos en ellas, se comprobaba que el nuevo espesor formado era idéntico al de cualquier parte del tronco, y otro tanto acontecería si se pudiesen sumar todos los arroyos y regajos que concurren al torrente principal de un río, ya que en lo sucesivo el cauce se mantendría constante.

> Todos los elementos que se hallen fuera de su lugar natural, desearán retornar a ese lugar; sobre todo el fuego, el agua y la tierra. Todo peso desea caer al centro por la vía más breve.

También con la expansión de la energía. Pese a que las ondas del agua eran visibles y las del sonido no, unas y otras se desplazaban en la misma forma, mediante círculos concéntricos emanados desde la fuente. De ahí que, dentro de un recinto, una persona conseguía oír dos o más sonidos en forma simultánea, aunque provinieran de fuentes diversas, de la misma manera como al dejar caer dos o tres piedras a la vez en un estanque de agua las ondas expansivas se entrecruzaban y superponían sin que ninguna absorbiera o anulara a las otras.

—Su forma de pensar es analógica —le decía el matemático a Leonardo—. No ignora usted que, como artista mayor, Dios creó todo bajo las mismas leyes. Por eso, detrás del rostro de las cosas, anda usted al acecho de esos vínculos secretos que las unen.

De las tertulias entre el sabio de Vinci y el *frate* de Borgo San Sepolcro, cuya resonancia, al propagarse en círculos concéntricos desde el *Castello Sforzesco* le fue dando gran fama de centro cultural a la corte de Ludovico en toda Europa, surgió poco a poco el tratado, que se intituló *La propor-*

93

ción de Dios. Era ésta, según enseñaba Pacioli, una armonía a la vez trina y singular, instrumento de la Creación descubierto por Pitágoras y cifrado por Platón en su *Timeo*, presente en forma de piedra en los primeros templos griegos y en forma de razón en los teoremas de Euclides. Estos últimos, ordenados en trece capítulos como los apóstoles y el Señor, se construían partiendo de las bases hasta arribar a la cúspide, al igual que un templo dorio desde el estilóbato hasta el frontón. El autor de *Timeo* había asociado a cada elemento un cuerpo regular: a la tierra, el sólido cubo, y al fuego, el tetraedro piramidal, y a sus intermedios proporcionales, agua y aire, el icosaedro numeroso y el octaedro liviano. De esos cuerpos, únicos en dejarse envolver por una esfera, de sus relaciones y simetrías trataba el último capítulo de Euclides, encaramado en lo alto de su obra como un friso sobre arquitrabes, capiteles y columnas del templo todo. Pero como los cuerpos regulares eran cinco y los elementos sólo cuatro, Platón había asignado el más perfecto de todos, el dodecaedro, de doce caras pentagonales que no se podían trazar sin la ayuda de la Divina Proporción, y con el cual culminaba Euclides su trabajo, al universo mismo, a la obra completa de Dios.

De todas esas figuras, con sus ángulos precisos y sus aristas completas, se tenía que ocupar la mano zurda de Leonardo para ilustrar el tratado de Pacioli. Fue también en ese tiempo cuando halló las proporciones reales de ese otro templo viviente, muchas veces profanado y muchas idolatrado pero hecho de tanta verdad. Su esquema del hombre cósmico, en el que un desnudo masculino, de frente y con los brazos extendidos hacia los costados, se ve inscrito entre un cuadrado que se incorpora a su vez en un círculo, se adelantó en una decena de años al que realizaría el famoso mago, alquimista, astrólogo, médico y cabalista Cornelius Agrippa, que trabajó para Carlos v y Maximiliano i. El modelo de Leonardo había sido inspirado, por una parte, por Vitrubio, el arquitecto del Imperio Romano que mantuvo la tradición de los templos griegos, y por otra, por Platón, quien destacó la analogía entre el pequeño cuerpo humano y el redondo cuerpo del mundo. "Los antiguos hablan del hombre como de un *microcosmos*, con toda la razón", decía Leonardo, "ya que si el hombre está compuesto de tierra, agua, aire y fuego, la composición del globo terráqueo es similar".

Una cena sin comensales

Cuando Ludovico consideró que era el momento se hizo proclamar duque de Milán y pudo detentar abiertamente un poder inmenso, que de otro modo no parecía estarle destinado. Ahora necesitaba patrocinar la ejecución de grandes obras que le diesen a su nombre la dignidad propia de un monarca magnánimo. Le ofreció entonces a su artista principal que pintara una Santa Cena en el refectorio de Santa María de las Gracias, convento de dominicos que el nuevo duque quería convertir en la iglesia de su familia, cuyo ábside acababa de ser erigido por Bramante y en cuya cripta esperaba que algún día, ojalá muy distante, lo enterraran en un mausoleo espléndido que no merecería ningún Papa.

Así como el hombre tiene huesos, *sostenitore e armadura della carne*, el mundo tiene piedras que son el sostén de la Tierra; y así como el hombre cuenta con un depósito de sangre donde los pulmones se ensanchan y contraen al respirar, así la Tierra tiene su océano, que también se levanta y desciende cada seis horas por la respiración del mundo.

Leonardo recorrió las diversas estancias del convento y se detuvo en el refectorio a observar las texturas de los muros, de los cuales descascaraba trocitos de cal ante el asombro del prior, quien estaba seguro de que sus oraciones eran capaces de traspasarlos pero sin ser las causantes de la humedad. Como cabía esperar, el muro elegido fue el de nueve metros por cuatro y medio, que remataba en tres lunetos encima de la cornisa, justo al frente de las mesas donde los monjes solían cenar en forma austera antes de retirarse a sus celdas. El motivo pictórico correspondía a esa última ocasión en que Jesús les dejó a sus discípulos unos símbolos graves y sencillos que ellos no estaban en condiciones de comprender, pero que con el tiempo se habrían de convertir en la base para la celebración de la misa. Ludovico, orgulloso de contar con el mejor pintor de Italia, le dio a su artista total libertad para tratar el tema y amplia solvencia en las condiciones que requiriese para su ejecución.

Leonardo ordenó a sus asistentes que comenzaran a montar los andamios, y los monjes creyeron que tendrían que acostumbrarse a cenar cada noche en medio del penetrante olor a trementina. Estaban muy equivocados. El artista exigió que el refectorio fuese desalojado en forma total durante el tiempo que le tomase su trabajo. Los monjes, instruidos por el prior acerca de que todo en este mundo era por fortuna pasajero, y entre ello las rápidas pinceladas de un fresco, que duraba lo que el secado del yeso, se resignaron a abandonar el comedor mientras se estuviese realizando la obra. De nuevo estaban errados. La decantada forma de trabajar de Leonardo no se avenía con la premura requerida al emplear la técnica del fresco, y además los días y las semanas pasaban sin que apareciese por allí ni siquiera la sombra proyectada por la imponente presencia del artista. Por ese entonces Leonardo estaba sumamente atareado con la elaboración de las muchas figuras estereométricas destinadas a ilustrar el tratado de Pacioli, *De divina proportione*, en cuyo estudio y redacción también colaboraba. Su responsabilidad ante esas imágenes era doble, ya que no sólo debía construir con exactitud los cinco sólidos regulares, sino que además le era necesario dar con la perspectiva justa para sugerir su volumen sobre el papel. Sin embargo, al final de las tardes se alejaba del abstracto y callado mundo donde flotaban los objetos ideales de Platón, y se dedicaba a visitar los lupanares del Borghetto, en los suburbios de Milán, con el fin de entregarse al trabajo de preparación de su *Cena*.

Con los rasgos finos de su porte, la abultada cabellera y la túnica carmesí, la esbelta figura de Leonardo no pasaba inadvertida en las bullosas tabernas jamás visitadas por los miembros de la nobleza. Pero él no iba en busca de bebida, ni del placer comprado a las mujeres, sino como un investigador responsable que desarrolla trabajo de campo. Su mirada penetrante y a un mismo tiempo respetuosa recorría cada pliegue, cada rugosidad y cada gesto de los rostros masculinos más contrahechos que hubiera en torno a los mesones, acentuados por las risotadas, desfigurados por la embriaguez y erosionados por las frustraciones y las tristezas que se alojan en los momentos miserables de la vida, y que tienen el peligro de quedarse enquistadas si no se halla la manera de superarlas. Leonardo contaba con suficiente autoridad para saber que, con el tiempo, el alma de cada quien va cincelando cada accidente del rostro a través del cual se expresa. Puesto que su mano zurda sabía trabajar sin que los ojos la guiaran, el artista, como un geógrafo que se desplaza por la extensión de un terreno a fin de levantar poco a poco su mapa, iba haciendo los trazos que más tarde descifraría con atención.

La fealdad era más elocuente que la belleza para revelar los secretos del alma. Leonardo había clasificado todas las alusiones de los evangelios sobre los apóstoles, que eran pocas y vagas, por lo cual constituían un material muy incompleto para formarse una idea cabal de la personalidad de cada uno. Sin embargo, era necesario conocerlos porque Leonardo pretendía realizar una obra vívida, dramática, que elevase el misterio a un punto pleno y no que se contentase, como lo habían hecho los pintores antes de él, con reproducir doce réplicas de un comensal de porcelana, al que se le pone una aureola para marcarle su santidad.

La *Cena* de Leonardo correspondería al momento en que Jesús, con una serenidad que hace de la aceptación una forma más alta que el más alto entendimiento, anuncia a sus discípulos que uno de ellos lo habría de traicionar. Todos sufren de inmediato una conmoción. La duda, el miedo, la incredulidad, el desasosiego y demás modos de la incertidumbre se toman sus espíritus sorprendidos, al igual que una tormenta que azota las chozas y los cobertizos de una pobre aldea de pescadores. Esa multitud de sentimientos, esa bronca humana que se siente en derecho de manifestar su indignación, habría de contrastar con la apacible actitud del Maestro, cuyo rostro tendría que estar provisto no de la belleza etérea y de carácter andrógino con que Leonardo dotara en otros tiempos a sus figuras angelicales, sino con una luz interior, que surgiese en silencio desde adentro y pareciese detenerse en el borde, como lo hace el amanecer durante esa breve parada que lleva a cabo antes de alumbrar un nuevo día. Por el contrario, el rostro del traidor tendría que distinguirse de todos, aunque en forma sutil, por hallarse preso en las propias tinieblas de su acto, aún en vísperas pero ya casi cometido.

Los demás personajes, su distribución en tríadas según las personalidades, los rangos, la disparidad de emociones y las tonalidades de las mantas, y sobre todo las diversas posturas de las manos, que reclamaban, que interrumpían, que parecían signos de exclamación o de interrogación de un lenguaje gestual que, como el vaivén de una marea, tendría que conducir la mirada del espectador hasta los extremos de la mesa para refluir luego hacia el centro, donde el Maestro tendría extendidos sus bra-

> Uno que bebía ha dejado el vaso y vuelve la cabeza hacia el que habla. Otro, entrelazando los dedos, se vuelve, fruncido el ceño, hacia su compañero. Otro, con las manos abiertas y sus palmas al descubierto, levanta los hombros hasta las orejas, insinuando con la boca un gesto de asombro. Otro habla al oído de su vecino [...] Otro, vuelto con un cuchillo en la mano, derrama con esa mano un vaso sobre la mesa.

zos hacia adelante, tocándose casi los dedos con los dedos del pecador, como una pirámide de bondad que no hace caso de cataclismos... todo ello le llevó a Leonardo cerca de treinta meses de una extenuante labor sin tregua. Teniendo en cuenta tanto los 40 metros cuadrados del mural como el método de trabajo de Leonardo, era sin duda un tiempo récord, menor al que había empleado en pequeños retablos y cartones de otros años, que sin embargo había dejado inconclusos.

Esta vez su obra lo había absorbido de tal modo que ni siquiera dejó de trabajar durante el luto que impuso la monarquía por la muerte de Beatrice, la joven esposa del duque, quien llevaba en su vientre, en el momento de ser enterrada a pocos metros del refectorio, el tibio peso de cinco meses de una vida que pasó del agua a la tierra sin conocer la transparencia del aire. Tal fue el ritmo al que avanzó, que sólo le faltaba completar el rostro de Jesús, el cual debía exponer la forma más reposada de la belleza, que es la serenidad, y el de Judas, cuya culpa tenebrosa tendría que reflejarse en la oscura congestión de sus rasgos; y mientras daba con ellos, Leonardo tenía clausurado el salón. Para el prior de los dominicos, sin embargo, conocedor de flagelos y maitines pero ajeno a disciplinas de artistas, esos tres años parecieron una de esas muestras de la eternidad que los monjes, para salvarse, no necesitan anticipar en este mundo.

Cada mañana el prior acechaba para llevar el registro de asistencia de Leonardo, y al verlo se sentía en derecho de reclamarle la tardanza en la terminación del mural, así recibiese por toda respuesta la indiferencia de quien se enclaustraba nuevamente en el salón. Pero un día el prior perdió su paciencia y acusó a Leonardo de holgazanería ante el duque, diciéndole que esos artistas encumbrados devengaban un salario inmerecido, ya que sólo iban a su sitio de trabajo un par de días a la semana.

Enterado Leonardo por el mismo Ludovico, quien le pidió que fuera un poco más diligente para evitarse enemistades con un religioso de ese rango, se fue directamente hasta el convento, buscó al prior y le prometió que muy pronto terminaría, pues había resuelto inmortalizar el rostro de cierto delator en el de aquel que traicionara al Maestro, de suerte que todos los espectadores lo pudieran recordar por siempre. Desde entonces, cada vez que Leonardo llegaba el prior optaba por ponerse a rezar, y cuando aquel partía ingresaba furtivamente al refectorio, temeroso de comprobar que una ira de artista fuese a tener más validez que mil jaculatorias de abad.

FUEGO

Unos pasos en la errancia por la vida

Después de seis meses de encierro en un aposento de la fortaleza al que no podían ingresar sin su autorización ni siquiera los rayos del sol matinal, Ludovico consideró que debía salir de su duelo y volver de nuevo al manejo del Estado. Lucrezia Crivelli, camarera de su extinta esposa, estaba a punto de alumbrar un nuevo hijo del Moro y ese estímulo lo llenó de fuerzas para compensar con un vistoso obsequio al sabio y artista a quien le adeudaba dos años de sueldo, no obstante el gran renombre que le había dado a su corte: un pequeño viñedo en las mejores tierras próximas a Milán. Leonardo nunca había sido propietario de eso que la gente llamaba *bienes*, y menos que menos de un terreno de dieciséis pérticas de frente, que daba para edificar una vivienda, cultivar una huerta y poner a pastar unos cuantos animales. Pero de éste tampoco llegó a tomar posesión.

Un golpe de desgracia, propiamente contra el dintel de una puerta, había sido suficiente para acabar con la vida del joven monarca de Francia, y quien lo sucedió, como Luis XII, fue el duque de Orleans, descendiente de los Visconti que habían gobernado Milán hasta la llegada de los guerreros Sforza. El nuevo rey, en alianza con Venecia, se dispuso entonces a invadir la Lombardía que regía su primo sin casta, sabiendo que el ejército milanés debía de estar diezmado después de la última guerra. Cuando Ludovico vio que sus enemigos estaban a punto de entrar, envió en secreto a Austria los 240 mil ducados a que ascendía su enorme fortuna personal, y el emperador Maximiliano acogió a sus dos hijos antes de que también el Moro comenzase la huída. El pueblo milanés se volvió contra quien se había arrogado el título de duque y ahora se hallaba convertido en simple prófugo.

Precedidas por el rey, que se hacía acompañar de su protegido, César Borgia, y por el mariscal Trivulzio, las tropas invasoras ingresaron ante el desdén de Leonardo, pero a los pocos días el artista fue solicitado por Luis XII en persona, quien se hallaba en el refectorio de Santa Maria delle Grazie, contemplando extasiado *La última cena*.

—Sólo veo dos alternativas, respetado florentino —le dijo entonces el soberano, con la cabeza descubierta ante las imágenes sagradas—: o halláis la manera de desmontar piedra por piedra este muro para llevar vuestra gloriosa obra hasta mi patria, o me hacéis el honor de trabajar en exclusiva para mí.

A Leonardo le interesaba desarrollar sus proyectos como ingeniero y era posible que esta vez se le diera la oportunidad, así que lo pensó un par de semanas. Casi ni se percató de los saqueos, violaciones y crímenes cometidos por el ejército de Trivulzio, ocupado como estuvo en instalar un baño de aguas calientes y frías en las habitaciones de Isabel de Aragón, madre del heredero legítimo al ducado. Llegó incluso a pedirle audiencia al rey para comunicarle su aceptación, pero justo cuando había ingresado al *Castello* y se disponía a visitarlo, vio en toda su crudeza la imagen de la barbarie, pues su monumental modelo en yeso para la estatua ecuestre jamás fundida en bronce había sido desfigurado por los ballesteros gascones, que lo habían tomado, entre risotadas y aplausos, para ejecutar sus prácticas de tiro al blanco.

En compañía de Boltraffio y de Salai, Leonardo abandonó la ciudad en la que por dos décadas había vivido el período más fecundo de su vida, y partió hacia la República de Venecia a encontrarse con el *frate* Luca. Camino de allí se detuvo en el marquesado de Mantua, donde fue requerido por Isabela d'Este, cuñada de Ludovico, mujer culta y coleccionista de arte, a cuyo servicio habían estado ya algunos de los pintores más célebres, y quien desde hacía una década estaba obsesionada con que Leonardo le hiciese un retrato como los que había realizado para las amantes del desdichado duque. Sin embargo, ni los dos meses de atenciones que le fueron prodigadas en Mantua ni el interés que el marqués Gonzaga atribuía a las teorías platónicas, ni la pujante industria de la ciudad, que sustentaba su poder financiero en la numerosa colonia judía con que contaba, lograron retener a Leonardo, que siguió su camino hacia el este, buscando ejercer como ingeniero. Todo lo que consiguió Isabela fue que el artista hiciera un boceto de su perfil, en grafito y arcilla roja, a manera de apunte de trabajo, y prometiera enviárselo al transmutarlo en óleos verdaderos.

Transcurrían ya las primeras semanas del siglo XVI, pero cuando Leonardo entró a Venecia sintió que el tiempo había regresado 300 años. Por sus palacetes opulentos y sus cúpulas bizantinas, por su piel de mármol y sus calles de agua, por su campanario de 100 metros que emergía de las brumas y sus cientos de embarcaciones que conocían los caminos del océano para llegar a las Indias, a Leonardo le pareció que aquella ciudad no sólo era impar y remota y prodigiosa, sino sobre todo onírica. Sin duda, la basílica de San Marcos, con sus tesoros de Oriente sobre las reliquias del santo evangelista, y su imponente *piazza* que aun en invierno estaba atestada de gentes, constituía un espectáculo sin igual para cualquier advenedizo. Leonardo dejó allí a sus acompañantes y se fue por entre callecitas sinuosas, escalerillas

Quien no sobrepasa a su maestro es un pobre discípulo.

y puentes hasta dar con la pequeña plazoleta en la que se hallaba el monumento ecuestre que había diseñado su querido maestro Verrocchio. El otrora discípulo sacó la mano del guante para tocar el bronce yerto, no para secarse los ojos. En medio de esa niebla de ensueño, se diría que aquella estatua era lo único real. Era también la más bella de cuantas había conocido hasta entonces, más aún que la de Donatello, por el brío y la proporción. Si los venecianos estaban orgullosos de ver en el jinete a su héroe Colleoni, que había dado la vida por defenderlos, Leonardo, por su parte, en cada prominencia y en cada hendidura veía el triunfo del arte. El maestro Andrea había muerto sin alcanzar a fundirla, pero le había dejado el encargo a Lorenzo di Credi de dar con alguien que pudiera, y Di Credi había hallado a Leopardi. Ese contacto de su mano con el metal quemante mientras sus ojos lloraban fue una de las dos oraciones que Leonardo realizó en un lugar público a lo largo de su vida.

La amenaza de invasión del ejército otomano, que después de sobrepasar la Dalmacia se encontraba a dos días de marcha de Lido, y la llegada de Leonardo, mientras se anunciaba que los franceses habían hecho prisionero a Ludovico, quien no había podido resistir pese a sus 4 mil soldados suizos, no constituían una simple coincidencia. El Consejo de los Diez, órgano representante de la aristocracia que gobernaba en la República Serenísima, y su *dux*, Agostino Barbarigo, le habían solicitado al sabio que estudiase las defensas acuáticas con el objeto de levantar una eventual fortaleza en el valle del Isonzo, solución que todos los ingenieros habían considerado como la mejor. Luego de recorrer los bordes lacustres y el cauce fluvial entre Gorlizio y Friuli, Leonardo llegó a la conclusión de que era necesario construir una especie de esclusa o presa de madera en el río, cuyo manejo de compuertas por pocos obreros permitiría convertirla en una mortal arma defensiva capaz de arrastrar en un golpe de polea a miles y miles de invasores. El sistema cumpliría, además, un papel regulador en tiempos de paz, en una ciudad de entorno tan singular que, amenazada con erosionarse por la sedimentación de sus desperdicios, había tenido que lanzar un edicto mediante el cual se castigaba con la amputación de la mano diestra y la extracción de un ojo a quien fuera sorprendido descargando basuras en los ríos o la laguna.

La idea no gustó: un miembro del Consejo la consideró impracticable; otro, demasiado costosa y los ocho restantes, inverosímil. Leonardo explicó cómo podrían también atacar por debajo del agua, mediante una flota de naves submarinas y unos soldados buceadores, los cuales, provistos tan sólo de odres que almacenarían el aire recogido de la superficie por tubos, respirarían a través de boquillas, a la manera de las gaitas celtas, y podrían echar a pique las embarcaciones enemigas. Esto pareció todavía más irrealizable que el dique propuesto en el informe. De todos modos, Leonardo fue alentado a darle forma a su idea para que se imprimiera en alguna de las prestigiosas prensas de la república, pero como para el inventor se trataba de un proyecto muy certero, capaz de modificar de tajo las formas conocidas de combate, y que en manos de "hombres movidos por sus malas inclinaciones" podría ser empleado para hacer daño a otros, renunció por completo a la idea de publicarlo.

Una dignidad ante un indigno

El cargo de ingeniero militar que a Leonardo no le fue dado por el duque de Milán, ni por el rey francés que destronó a éste, y tampoco por el *dux* de Venecia, lo obtuvo por fin a los cincuenta años, con todas las prerrogativas y potestades, de manos de un joven de veintisiete que tenía modales de gran señor, era hijo del Papa y no se enredaba en reparos morales con tal de aumentar su poder: César Borgia. Este singular personaje era conocido tanto por su respeto hacia las poblaciones vencidas como por su crueldad para con los rivales. En vista de que a los veintidós años había perdido la investidura cardenalicia que le había conferido su padre, el pontífice Alejandro VI, asesinó a su hermano para asumir el mando del ejército vaticano y comenzó su carrera pública, temida y deslumbrante. Por despojar a los Sforza y al Sacro Imperio Germánico de amplios territorios italianos, tuvo la protección de Luis XII y recibió, además de la nacionalidad francesa, el título de duque de Valentinois, que incluso prefería al de duque de la Romaña, Estado en el que no obstante gobernaba. Se lo acusaba por igual de sostener relaciones incestuosas con su hermana Lucrezia y de haber ordenado que se abrieran a traición las puertas de Nápoles, cuando el rey Federico estaba firmando el tratado de cogobierno con los franceses, gesto eficaz, en su criterio, ya que había concluido con la matanza de 4 mil combatientes en una sola jornada de horror.

Ese César, como gustaba saberse nombrado por la euforia de un pueblo que recordaba al héroe del Imperio Romano, le dio autorización a Leonardo y su séquito para que se desplaza-

Ordenamos que a nuestro muy querido y familiar arquitecto e ingeniero Leonardo da Vinci [...] le sea permitido libremente el paso [...] y sea recibido amistosamente y se le permita inspeccionar y examinar todo aquello que le plazca. Deben proporcionársele los hombres que necesite y prestarle ayuda, asistencia y el favor que requiera. Todo ingeniero debe ser instado a oír su consejo y a remitirse a su opinión. Todo aquel que incumpliese nuestros deseos provocará nuestra ira.

César Borgia,
18 de agosto de 1502

ra por todos los territorios bajo su dominio, con el fin de estudiar cada fortificación y cada sistema de defensa, y le proveyó todos los recursos para que se llevaran a cabo las mejoras que a su juicio recomendase. Semejante poder no lo había tenido Leonardo jamás, y quizá ningún otro ingeniero militar en la Italia de aquellos tiempos. Así, mientras César saqueaba en Urbino las esculturas, los tapices, los libros únicos de la espléndida biblioteca del duque Guidobaldo da Montefeltro, Leonardo estudiaba en Pessaro la erosión causada por los embates de agua en los tajamares de un puente, observando que todo líquido discurría más rápidamente por el centro que por los costados de un curso recto, y que los remolinos se originaban con el ensanchamiento sufrido en forma brusca por el cauce. También se encontraron ocasionalmente en Imola, desde donde César vigilaba el acontecer de Bolonia, gran ciudad que su sediento corazón cada día codiciaba, y en Cesena, capital de la Romaña y trono de César, donde éste había ordenado a su general, Remiro dell'Orco, que impusiera el orden "por todos los medios disponibles", y a quien, luego de respaldar en los excesos y barbaridades, mandó descuartizar para que sus restos se exhibiesen en plaza pública, como una bandera izada por la mano de la justicia.

La fuerza es una virtud espiritual, un poder invisible que está localizado e infundido en aquellos cuerpos que se ven desviados y arrancados de su movimiento natural por una accidental violencia exterior causada por el movimiento, y dotándolos de una vida activa de asombroso poder, restringe a todas las cosas creadas a un cambio de forma y lugar.

En Piombino, en Siena, en Orvieto, en Rimini, Leonardo levantó mapas topográficos, midió el alcance del sonido de las campanas mayores, calculó la saliente de los bastiones para que alcanzaran en la defensa de los muros de contención, y hasta se valió de postulados de Euclides para descalificar el torpe movimiento de las carretas de cuatro ruedas. También conoció a un dramaturgo de renombre, que en los últimos cuatro años había desarrollado una brillante carrera diplomática, al punto de alcanzar el cargo de canciller de la República de Florencia. Se llamaba Nicolás Maquiavelo y no era casual que se encontrase con el ingeniero, pues el talentoso político seguía a César por todos los rincones de su itinerario, con la doble faz del admirador y del espía. Gracias a la inteligencia notable que poseían, los dos hombres congeniaron desde sus respectivas orillas, el uno para descubrir las premisas que componían una "ciencia de la conducta humana", el otro para indagar las leyes del movimiento. Y si el historiador de la política hubiese conocido los apuntes que el científico hacía por entonces, se habría asombrado de lo que la mecánica puede enseñar acerca de las pasiones:

—La fuerza rechaza con furia todo lo que se interpone en el camino de su destrucción, desea conquistar, acabar con aquello que se le opone, y en la conquista acaba consigo misma —explica Leonardo.

Una batalla inconclusa

Cuando Leonardo regresó a Florencia la ciudad no era la misma que había dejado veinte años antes. A pocas celdas de donde vivía en otro tiempo el iluminado *fra* Angélico, un profesor de teología, el fraile Girolamo Savonarola, había afinado su verbo con colores más intensos que los que vestían los ángeles del pintor. Su ira tenía como destinatarios a todos aque-

llos pervertidos que vivían en medio de placeres paganos a
plena luz del día, como si tanta desvergüenza pudiese desviar
la penetrante mirada de Dios, a la que nada ni nadie se oculta, así los lujuriosos llevaran el apellido Medici o Borgia y
fueran Papas. Con la invasión de las tropas francesas y la
llegada de Carlos VIII, Savonarola, ya pertrechado en el poder, que para él no era un solio de incrustaciones y terciopelo
sino un púlpito muy por encima de la feligresía y un tanto
apenas debajo del cielo, las libertades de los florentinos se
suplieron por el dogma, la juventud dejó el desenfado para
adoptar el fanatismo, los manuscritos griegos ardieron en las
hogueras, las iglesias de Brunelleschi fueron calificadas como
templos de idólatras, la sensibilidad de Botticelli fue proscri-
ta por perniciosa, el Vaticano fue considerado un mero antro
y él, Savonarola, adquirió el estatuto de profeta de la verdad y
de santo enviado por el único Señor que da y quita la vida en
este mundo.

Sin embargo, la misma muchedumbre que durante años
lo había puesto sobre un pedestal para que sus prédicas caye-
sen como lluvia bendita, fue la que un Día de Ramos asaltó
enfurecida el convento del dominico. La decepción de la turba-
multa sólo halló saciedad en un desenfreno vengativo sin
antecedentes en la historia de las expiaciones. Fue el único
dictador de la historia al que su pueblo dio muerte dos veces.
Primero lo estrangularon mil pares de manos punitivas y luego, en plena Piazza della Signoria, mientras le gritaban: "¡Far-
sante! ¡Haz un milagro y te salvas!", el apóstol de la intempe-
rancia fue quemado como un hereje.

También Leonardo había cambiado. En su rostro, de piel limpia aunque cansada, se acentuaban unos surcos hondos y sinuosos, como los senderos que había tenido que transitar en campos pisoteados por la bestialidad de las tropas. El corto año al servicio de César había multiplicado su fama. Los pintores de su generación lo consideraban el artista más importante de su tiempo, los poderosos se disputaban su sabiduría, las gentes sencillas hablaban de él sin conocerlo. Leonardo seguía empeñado en prestar su concurso como ingeniero. Pisa, antigua posesión de Florencia, recibía ahora apoyo de los franceses para declararse independiente. Los florentinos habían sitiado la ciudad, cortándole los suministros de alimentos y las posibilidades de comunicación. Leonardo recorrió el entorno pisano, vio la crueldad a que se hallaba sometido aquel pueblo y propuso a la Señoría una solución para terminar de inmediato con el conflicto: desviar el curso del río Arno. Tal privación de agua obligaría, desde luego, a la rendición inmediata; pero Leonardo pensaba aprovechar adicionalmente el proyecto para aumentar el flujo navegable en la región y hacer uso del importante potencial de energía hidráulica, en forma tal que muchos talleres de manufactura surgieran a lo largo de la ribera. Una serie de esclusas en los afluentes del Arno permitirían que embarcaciones menores, como las gabarras, incluso en verano, navegasen entre colinas de las pequeñas poblaciones de la cuenca, llevando al circuito mercantil los productos de sus factorías.

La Señoría, a cuya cabeza se encontraba Soderini, nombrado *gonfaloniero* vitalicio, advirtió que el proyecto era de gran envergadura, y gracias a la intervención de Maquiavelo, que confiaba plenamente en la capacidad de Leonardo, se destinaron cuantiosas sumas para financiarlo, aunque bastante menores de lo que en verdad se requería. La realización fue mucho más problemática de lo que la Señoría estaba dispuesta a afrontar. Los ataques del ejército de Pisa contra los 2 mil peones asignados como mano de obra dilataron los meses hasta que llegó el invierno, cuando ya resultaba imposible la construcción aprobada del dique. De manera que el plan se diluyó, al igual que la harina entre los sacos en las orillas del Arno.

De nuevo Maquiavelo intercedió para que a Leonardo le fuese asignado otro proyecto. Se trataba de pintar un gran mural para decorar una de las paredes de la recién construida Cámara del Consejo en el Palazzo Vecchio, nada menos que el salón de sesiones del gobierno. El motivo solicitado era la batalla de Anghiari, en la que los florentinos habían vencido a los milaneses. Un año después Leonardo tenía muy adelantados los estudios y comenzaban a tomar forma las siluetas en el cartón, cuando sobrevino una desgracia: contrataron a Miguel Ángel para que pintase *La batala de Cascina* en la pared de enfrente. Favorito de Soderini, ferviente seguidor de Savonarola, estimado por quienes veían en el arte el terreno para la expresión de la fuerza viril y no de delicadezas femeniles, Miguel Ángel Buonarroti era el escultor del momento en todos los círculos florentinos. Aunque su carrera apenas comenzaba, se lo tenía ya por el segundo en ese arte, después de Leonardo, cuyo monumento ecuestre, aunque en yeso, no había sido sobrepasado por nadie. Pocos días antes su *Da-*

vid, colosal escultura de 18 mil libras de peso al lado de la cual el Goliat bíblico habría huido amedrentado, había sido colocada ante las puertas del Palazzo della Signoria, a manera de símbolo de la potencia desnuda que reposa en alerta como la honda en su hombro.

Leonardo había formado parte de la comisión encargada de elegir el emplazamiento para la estatua y había votado a favor de resguardarla de la intemperie, pidiendo su ubicación en el centro de la enorme Loggia dei Lanzi, pero la mayoría había acatado el deseo de su encolerizado autor, que prefería dejarla bajo las estrellas para que hasta los arcángeles pudiesen verla. El mayor orgullo de Soderini no era haber logrado que los ejércitos de César respetasen la república florentina, lo cual le había valido que su cargo fuese vitalicio, sino el haberle confiado al casi debutante Miguel Ángel el bloque de mármol que Agostino di Duccio había dejado abandonado 40 años atrás. Ningún otro protector habría esperado que aquel joven de abolengo ilustre soportase enmugrarse en el duro oficio de tallar, y, mucho menos, en vista de su espalda corcovada y su rostro de mueca hostil, que alguien de facha tan deslucida consiguiese hacer surgir de la piedra aquel gigante de la nueva belleza varonil.

En Florencia nadie ignoraba que Miguel Ángel aborrecía a Leonardo. Éste, con sus botas de piel y sus túnicas rosadas bajo gruesos abrigos de invierno, solía verse por las calles con bellos muchachos que se complacían a su lado. Un día, cerca de Santa Trinitá, fue consultado por un grupo de gente que discutía el sentido de un pasaje del *Inferno*, de Dante. No era raro que los desconocidos le consultaran acerca de todo, por algo se referían a él como el Mago; incluso lo habían llegado a abordar emisarios de otras ciudades para que diese su valoración sobre la antigüedad de unos jarrones. Leonardo, viendo que en ese momento pasaba cerca Miguel Ángel, les sugirió que se dirigieran a él, quien sabría absolverles sus dudas. Pero Miguel Ángel tomó la invitación como si llevase velado un escarnio y le recordó a Leonardo que, en materia de escultura, ni siquiera había llegado a fundir su caballo de yeso.

La envidia hiere con falsas acusaciones; esto es, con la calumnia. Corrige a tu amigo en secreto y alábale públicamente.

—¡Y pensar que esos estúpidos milaneses os llegaron a creer capaz! —lo siguió injuriando aquel joven altanero, a quien el maestro casi doblaba en edad.

Leonardo sintió que su interior se agrietaba. En todos los poros de su faz se aglomeró de pronto la vergüenza, durante esa especie de instantáneo abismo sin caída que solemos llamar rubor. De todo lo que había escuchado, *"Quei chaponi dei milanesi"* era lo que le parecía más injusto, pues Leonardo sí tenía por qué saber cómo era el talante de aquellas gentes del norte que, aparte de la hospitalidad que le habían brindado, jamás se hubiesen atrevido a expresarse así de los florentinos. Ahí supo Leonardo que la obra más difícil que Miguel Ángel tendría para cincelar, y que acaso le tomaría toda la vida, no era ningún bloque de la cantera, sino aquella materia también blanca pero tan veteada de acritud de que se componía su propia alma.

Dos años más se aplicó Leonardo en el trabajo de su cartón preparatorio. En ese lapso murió *ser* Piero, su padre, quien, acompañado de su cuarta esposa y de los once pequeños herederos —el mayor contaba diecisiete años—, residía en via Ghibellina, adonde Leonardo iba de vez en cuando. También continuó avanzando en sus experimentos acerca del vuelo, concibiendo ya los primeros diseños de las máquinas que lograrían poner al hombre a la altura de los gorriones. En la primavera de 1505 los dos cartones con las batallas encargados a Leonardo y a Miguel Ángel fueron expuestos en la sala conocida como *del Papa*, y el pueblo, dividido en sus preferencias ante los dos mayores artistas florentinos, se había aglomerado para juzgar el resultado del primer combate de lo que entonces se llamó "la batalla de las batallas". Puesto que también las nuevas generaciones de artistas tenían una sensibilidad más próxima al ímpetu con que había hecho sus censuras y pregones el iracundo Savonarola que a la misteriosa armonía proclamada por Ficino, los briosos desnudos de Miguel Ángel suscitaron una acogida más entusiasta entre los jóvenes pintores. Sin embargo, ante el trabajo preliminar de Leonardo, por lo menos dos brillantes aprendices decidieron el sentido que le habrían de dar para siempre a su arte. Uno tenía veintidós años; el otro, diecinueve. Ya casi comenzaban a llamarse Raffaello d'Urbino y Andrea del Sarto.

Un insólito aguacero de verano echó a perder el cartón de Leonardo, justo cuando comenzaba a pintar sobre el muro. Miguel Ángel fue llamado a Roma por el papa Julio II para que se ocupase de esculpir su sepulcro, y Soderini no pudo negarse, así que Leonardo se quedó en Florencia sin rivales diferentes al desenfreno de la naturaleza. No era hombre de revanchas, pero sabía de su deuda con Florencia por haber dejado sin terminar varias obras en su pasado. Ahora se presentaba la mejor oportunidad de resarcirse, y en el centro del muro empezaron a aparecer unos caballos bravíos, arrastrados al horror por la abyección del odio humano. Hasta allí llegó su trabajo de tres intensos años. Lo que le impidió dejar en esa ocasión una obra completa y perdurable no fue la muerte de tío Francesco, que le había enseñado de niño a mirar las estrellas y a devolver las lombrices intactas a la humedad de la tierra, ni la multitud de batallas mundanas que tuvo que librar contra sus once hermanos, quienes fuera de excluirlo de la herencia de *ser* Piero impugnaron que tío Francesco le hubiese dejado su tierra a Leonardo: fue su infatigable espíritu de innovación, que no cesaba de experimentar con técnicas y materiales. Las más de 600 libras de yeso, las 90 de esa brea resinosa que resulta de destilar el aguarrás y que se conocía como *pez griega*, y las once de aceite de linaza que, siguiendo una antiquísima receta de Plinio, había mezclado para elaborar el revestimiento, al parecer requerían un método de secado diferente al conseguido por las meras brasas de carbón. Artistas de toda Italia viajaron expresamente a estudiar y a copiar la escena central de esa batalla, por la gran fama que alcanzó durante los contados años de vida que tuvo antes de arruinarse por completo. Otro tanto estaría por ocurrirle a la *Cena* de Milán.

Soderini fue quien con más resonancia cantó el fracaso de Leonardo como ingeniero y como pintor. Llegaron incluso a tener un bochornoso incidente por el pago mensual del artista, quien al rechazarlo por venir en monedas de cobre, recibió como respuesta del mismo gonfaloniero el reproche por estar percibiendo un salario estatal sin entregar nada a cambio. Indignado por el tratamiento del gobernante Leonardo reunió como pudo una suma equivalente a la que había recibido en esos años y la puso a disposición de Soderini, quien también se negó a tomarla. De nuevo era hora de partir de Florencia, la ciudad donde había aprendido las lecciones más importantes y amargas de ese arte cuyos secretos no se resuelven con una ecuación o un pincel: el arte de habitar entre los hombres.

Un descubrimiento abrumador

El caballero de confianza de Luis xii, Charles d'Amboise, mariscal de Francia y gobernador de Milán se sentía tan honrado con la presencia de Leonardo en su corte que no sólo le asignó como lugar de alojamiento, junto con Salai, la espléndida residencia del acaudalado matemático y mecenas Pietro di Braccio Martelli, más un importante salario mensual, sino que utilizó sus influencias para que le fuesen agilizados al artista los asuntos que tenía pendientes en los tribunales de Florencia y de Milán. En poco tiempo la situación contractual, financiera y jurídica de Leonardo se estabilizó. Le fue devuelto el viñedo que le dio Ludovico y que le había sido expropiado por más de un lustro. La Cofradía de la Inmaculada Concepción acordó que Leonardo se quedase con el original de *La*

Virgen de las rocas, siempre que diseñase una obra idéntica, ahora sí dotada con los nimbos para las figuras santas, sin necios dedos de ángel señalando impropiamente y con el niño que representaba a San Juan provisto de un signo que lo distinguiera de Nuestro Señor, así fuera un báculo, pero de una vez el báculo de adulto que habría de emplear en el desierto tres décadas más tarde, porque sabido era que esos adminículos no crecían como la sabiduría ni el cuerpo de los profetas. De todo ello se encargó su antiguo socio Da Predis, involucrado por igual en el contrato.

Leonardo estaba resuelto a poner orden a sus escritos; sin embargo, al intentar recoger todas sus anotaciones atinentes a la hidráulica se halló con que no sólo estaban dispersas en decenas de cuadernos que versaban sobre temas diferentes, sino que en una misma página había intrincadas observaciones sobre una cosa y otra. De tal tamaño era la dificultad, que él mismo tendría que dedicar el resto de sus días nada más que a organizar en forma clasificada sus cientos y cientos de apuntes antes de poderlos aprovechar en un tratado, *Di mondo ed acqua (Acerca del mundo y del agua)*. Le disgustaba usar anteojos para estar en condiciones de leer su propia caligrafía, pero, sobre todo, no podía darse el lujo de emplear el tiempo, que poco a poco sentía no ya como un aliado sino como una

Libro i: De la naturaleza del agua. ii: El mar. iii: Los ríos subterráneos. iv: Los ríos. v: La naturaleza del abismo. vi: Los obstáculos. vii: Las arenas. viii: La superficie del agua. ix: Los objetos que se mueven en el agua. x: El recorrido de los ríos. xi: Los cauces. xii: Los canales. xiii: Las máquinas movidas por agua. xiv: La creciente de las aguas. xv: Las cosas consumidas por el agua.

especie de acreedor, en las futilezas de una tarea de archivo. Soñaba con convertir sus miles de observaciones en tratados erigidos bajo una fundamentación similar a la empleada por *frate* Luca, y en esos años en que estuvo protegido por Charles d'Amboise se aplicó en buscar los principios que regían la ciencia de la pintura, los de la fisiología humana, los del movimiento, los del vuelo, pero era evidente que nada más para ordenar y transcribir lo consignado en otros años requeriría los servicios de un secretario.

Y, a propósito, no fue sino retornar a tierras lombardas para que apareciera quien más delectación habría de darle a la última década de su vida. Francesco Melzi era un joven aristócrata de apenas diecisiete años, dotado con esos atributos que, reunidos, en tiempos míticos eran obsequio exclusivo de los dioses. Tenía talento, belleza, educación e inteligencia, y encima de todo contaba con unos padres cultos y respetuosos, que ya los hubiesen querido tener la triste Ariadna o el valiente Perseo. Los Melzi ni siquiera reprobaban que su hijo mayor se iniciase en el oficio de la pintura, el cual, sin ser vulgar, no era en todo caso una profesión muy propia de patricios. De inmediato hubo afinidad entre el maestro y el agraciado, a tal punto que cuando Leonardo tenía que ausentarse para atender algún asunto en Florencia, muchas cartas iban y venían cada semana, y el mensajero de confianza era Salai, el diablillo de otro tiempo, que ya a sus treinta años, y después de veinte de adopción, se había convertido en un hombre útil y educado, aunque seguía haciéndole pequeños robos cotidianos al tolerante maestro.

Ahora que Leonardo se aproximaba a la senectud varios de sus admiradores se preguntaban qué tan firme se hallaría el pulso de aquella mano izquierda, por cuenta de la cual tanta belleza se había incorporado al patrimonio del mundo. Melzi, una de las pocas personas a quienes Leonardo les había permitido el acceso a sus cuadernos, espejo en mano para cumplir con el encargo de organizar todas las notas relativas a la pintura, se debatía permanentemente en la dificultad de descubrir cuáles observaciones y experimentos antecedían a cuáles, ya que el maestro casi nunca databa sus escritos, y, lo que era más extraño, no se apreciaba ninguna diferencia entre su caligrafía de joven y la que exhibía ahora en sus cartas. Ni siquiera advertía el discípulo, en cuya educación había contado con los más altos mentores, evolución alguna en la ortografía del sabio, tan libre y autodidacta en ello como en todos los ámbitos a los que era conducido por su aguda e indómita intuición.

Pero la respuesta definitiva a quienes temían que esa mano de creador se hubiese vuelto trémula, fue dada por tres obras del pintor, las más enigmáticas, las más sublimes y también las más audaces entre el número reducido de aquellas que concluyó. Aunque nadie lo había visto ejecutándolas, no podían ser sino de los años más recientes, y no todas eran encargos. Una correspondía a un autorretrato a *sanguina* o carboncillo rojo, y por la edad venerable de su rostro, más parecería haberse querido proyectar hacia el destino de sus años que haberse dibujado en plena madurez. En este dibujo, uno de los raros testimonios que dejó sobre sí mismo, sobresalían sus marcados rasgos de ave de presa, envueltos por una cabellera de amplia caída y de tiempo atrás plateada, que se unía a unas barbas majestuosas de hierofante o mistagogo, pero en el fondo de la espesura de esta suerte de bosque humano, a la manera de profundos manantiales, anidaban unos ojos certeros y claros, dotados aún con suficiente brillo para seguir exhumando la poesía que pudiese quedar bajo la superficie del mundo.

Las otras dos constituían la culminación de ese itinerario que, como a todo hombre, exiliado desde la gruta de su mismo alumbramiento, había llevado al artista a preguntarse por ese secreto del cual todo proviene y que en forma sencilla se denomina *mujer*. A ambas tablas les había dado las proporciones que *frate* Luca consideraba instrumento del Creador. En la más grande había desarrollado en forma cabal el tema en su modalidad sagrada, es decir la maternidad, a través del motivo de *Santa Ana, la Virgen y el Niño*, que tiempo atrás había estudiado en un cartón. De nuevo la pirámide, pero esta vez compuesta por tres formas diferentes del amor. El rostro de Santa Ana estaba en la cúspide y su regazo era axial. Sobre él, sentada en forma transversa, su hija jugaba con el Niño, a quien asía con la delicadeza de sus brazos, pues el pequeño se encontraba, sin saberlo, en el borde justo del cantil. Atrás, más allá de los hombros, el horizonte azul de una geografía escarpada e inalcanzable, una especie de cielo terrenal.

La última tabla, de escasos 80 centímetros por 30, le había resultado suficiente para presentar la versión profana del misterio femenino. Era claro que se trataba de un retrato, pero, ¿de quién? "¿Quién puede ser esa mujer de tenue velo en su cabeza y de manos reposadas en el pretil de su silla", se preguntaba D'Amboise, "que en lugar de dirigir su mirada hacia el paisaje pedregoso, líquido y evanescente que se extiende allende su balcón como una era desconocida, nos observa sin prisa?". Nada en ella indicaba incomodidad, aunque se advertía que acababa de girar, como si de este lado de la tabla algún motivo hubiese atraído su atención. Sus ojos no se dirigían en forma directa a los del espectador, sino a algo justo al pie de éste, ¿a qué? Sólo ella lo sabe, decía D'Amboise, sólo ella ve lo que nosotros no vemos a pesar de sernos tan cercano, eso que buscamos descifrar en la placidez de su gesto, en esa mirada comprensiva que no juzga, sólo muestra. Aunque de manera un poco menos acusada que como acontecía en el semblante de Santa Ana, también su boca anunciaba una sonrisa que no tenía necesidad de realizarse hacia fuera, sólo que, en el caso de la madre, pese a hallarse en la orilla de un peñasco, se veía que su hija se ocupaba del Niño mientras éste jugaba con el cordero, de ahí que en el rostro de la santa se pudiera asomar su contento. Pero, "¿qué insinúa el inicio de sonrisa en la dama que nos mira desde el balcón", continuaba D'Amboise, "como mediando entre el paisaje planetario que se abre más allá de ella y el precipicio cotidiano en que nos movemos sin verlo?".

—He llegado a la conclusión de que la esfinge que posó para nuestro artista es una amiguita de Giuliano de Medici —dijo el duque D'Amboise, luego de sus pesquisas, pues poco antes de su prematuro deceso declaraba haber quedado ena-

morado para siempre de la retratada—. Con todo respeto
por su esposa, Philiberte de Savoie, nunca le perdonaremos a
nuestro aliado el no haber llevado al altar a esta criatura, la
única que nos puede redimir.

Sin embargo, en Milán no todos quedaron satisfechos con
la supuesta identidad de aquella *Madonna del velo*, como se
denominó desde entonces al re-
trato, pues no podía ser posible que una belleza como la suya
correspondiera a una *amiguita*,
lo cual equivalía a una mujer sin alcurnia, y aventuraron que
se trataba de Constance d'Avalos, duquesa de Francheville,
viuda, por demás, como lo demostraba su traje en el cuadro.

Un buen pintor tiene dos objetivos principales cuando pinta: la persona y su espíritu. El primero es fácil.

—Por mi parte —dijo Melzi, quien no había residido nunca en Florencia pero era entendido en asuntos nobiliarios—,
creo que es la tercera esposa de Francesco di Bartolomeo di
Zanobi del Giocondo. Mis padres dicen que su nombre de
niña era Lisa Ghirardini.

—¡*Monna* Lisa! —exclamó Salai, empleando la abreviatu-
ra de *madonna* con una irrespetuosa familiaridad que, en
él, reemplazaba lo que para otros era motivo de protocolo.

Un camino que conducía hasta Roma

Dos años después de la muerte de su protector, el duque D'Amboise, Leonardo se dirigió a Roma en compañía de Melzi,
Salai, un asistente y un criado, atendiendo la invitación que le
hacía Giuliano de Medici, hijo de Lorenzo *el Magnífico* y

hermano de Giovanni, este último nombrado meses atrás como sucesor de Julio II en el papado. Los dos hermanos eran glotones y mujeriegos pero, igual que su padre, amantes de la cultura y de las artes, y la prosperidad que conoció entonces Roma la hizo merecer el título de *segunda Florencia*. A raíz de la cantidad de textos antiguos encontrados y de las muchas ruinas imperiales que se exhumaban año tras año, el sentimiento de confianza general daba ocasión de creer a los romanos que incluso el pasado era un tesoro envuelto en musgo que los estaba aguardando bajo las piedras de su porvenir. A sus sesenta y un años, el prestigio de Leonardo era el mayor que fuese posible alcanzar en toda Italia, por lo cual fue recibido con honores y se le dieron por residencia los hermosos aposentos de la Villa del Belvedere, en el mismo interior del Vaticano.

Muchos conocidos de Leonardo trabajaban para León X, primer Papa florentino. De hecho, quien había realizado la decoración de las estancias del Belvedere era Bramante, uniéndolas al Vaticano por medio de una serie de edificaciones enormes, cuyas terrazas, de no haber sido por las colosales escaleras que las subdividían, se habrían revelado como un vasto patio desolado, sin más oficio que el que cumpliría un lago de superficie empedrada. Esa ingente arquitectura le parecía un mal signo a Leonardo, afecto a las sobrias proporciones. Bramante llevaba siete años ejecutando el gran proyecto de San Pedro. Por sus colosales dimensiones no se trataba ya del mayor edificio del cristianismo, erigido con el capital de las indulgencias papales, sino de un templo cuyos brazos acogiesen a toda la humanidad. Sin embargo, pese al gigantismo de la obra, Leonardo no pudo evitar una suerte de reconocimiento, como cuando se ven en un adulto las facciones de un niño que nos era muy familiar. La simetría absoluta, el papel de la cúpula reinante, con domos laterales más pequeños que jugaban a replicar el ábside como un eco de piedra. Pero, sobre todo, identificó, al caminar sobre uno de los cuatro brazos cardinales que se alargaban desde el domo, la cruz griega en la que tanto había trabajado su mano zurda para los planos que años atrás le había intentado hacer llegar a Ludovico, precisamente por intermedio de Bramante.

—Es una obra obra magnífica —abrazó Leonardo a Bramante con sincera admiración—: durará tanto como la cristiandad.

—Gracias, amigo, yo duraré un poco menos —dijo el anciano, presintiendo quizás que le quedaban tan sólo unos cuantos meses de vida.

También estaba allí el joven Rafael de Urbino, considerado por Leonardo como el mejor intérprete de la sensibilidad artística que él mismo había ayudado a fundar, y quien era apreciado en Roma como el más grande de los nuevos pintores existentes. Cuando comenzó a recorrer las estancias decoradas por el joven, treinta años menor que él, le pareció de mal gusto, no que el fallecido papa Julio II hubiese firmado un contrato mediante el cual se le pagaba a Rafael la increíble suma de 12 mil ducados por cada sala terminada, sino que se lo informasen a él, como buscando indisponerlo. Rafael no podía imaginar un momento más importante en su vida: ¡el maestro que más apreciaba en el mundo y a quien más había estudiado estaba viendo su obra! En la Estancia de Heliodoro, cuyos frescos se hallaban en proceso, Leonardo elogió el luneto en el que dos ángeles hechos de luz ingresaban a una celda nocturna y liberaban de las cadenas a San Pedro, ante la impotencia de la guardia romana.

—Pocos se atreven a pintar una escena de noche —dijo Leonardo—. Veo que llevasteis a su máxima expresión lo que hizo nuestro Piero della Francesca en el *Sueño de Constantino.*

—Os ruego me perdonéis por discrepar —dijo Rafael, con su habitual humildad—. Fue de vuestra *Virgen de las rocas* de donde tomé prestada la atmósfera de penumbra y las emanaciones de luz que brotan de la verdad: nadie diferente de vos las ha llevado a su justa expresión, maestro.

Pero la ocasión de agradecerle al gran Da Vinci por el manantial de belleza que su mano había creado se postergó a la otra sala, que pronto se habría de llamar *della Signatura*, cuando Leonardo se detuvo ante *La Escuela de Atenas.* Esa muchedumbre de sabios de la Antigüedad, que bajo la inmensa bóveda de una basílica inspirada en la de Constantinopla discutían, escuchaban, meditaban en silencio o exponían sus ideas, sobrecogía el espíritu de todo aquel que la contemplase. Que en el corazón del Vaticano hubiesen revivido los más insignes filósofos de Grecia a través de figuras de librepensadores contemporáneos, era, aparte de una cita en la que concurrían las tradiciones, las culturas y los tiempos, como lo había querido Ficino, un homenaje a las posibilidades fabuladoras de la pintura en sí misma, que ningún arte diferente podría alcanzar con tal esplendor. Pero lo más inesperado se hallaba justo en el centro de aquel panteón Nuestro cuerpo está sometido al cielo, y el cielo está sometido a la mente humana. viviente, que coincidía con el centro de todo el fresco y también con el propio centro de fuga de tan grandiosa composición. Allí se veía avanzar a las dos figuras principales, el sabio Platón y su discípulo Aristóteles. El primero, con el *Timeo* en una mano y levantando hacia el cielo el dedo índice de la otra, era, por la majestad de su andar, por la belleza de sus rasgos y la elegancia de su porte, de todos los que poblaban la obra, el más fácil de identificar: aquel en cuyo rostro, en ese justo instante, una emoción buscaba abrirse paso entre los surcos.

—Y este, ¿qué griego es? —preguntó Leonardo con la voz aún quebrada, señalando en otro punto a aquel solitario que, tras los inconfundibles rasgos de Miguel Ángel, era el único que permanecía ajeno del todo a los demás, distante y ensimismado.

—Heráclito —dijo Rafael, aludiendo a las disputas que les había tocado afrontar, a él y a Bramante, con el irascible florentino—, que lucha por no sucumbir ante su carácter de fuego.

Por primera vez en su vida Leonardo sintió cierto afán en publicar el fruto de sus estudios acumulados a través de los años. Melzi, familiarizado ya con la caligrafía del maestro, aparte de cuidadoso había sido diligente, y las notas destinadas a un *Trattato della Pittura* lucían bastante avanzadas. Leonardo siempre había creído que su primer libro sería *Il Trattato dell'Acqua*, pero ahora, dedicado a los estudios anatómicos, lo veía un tanto postergado; quizás sería el tercero.

Además de alojar con él a su comitiva, a fin de que dispusiese de gran comodidad para llevar a cabo sus investigaciones, los Medici le habían suministrado a Leonardo dos ayudantes, alemanes ambos, aunque a uno de ellos le complacía que lo llamaran, de acuerdo con su oficio, *Giovanni degli Specchi* (Juan de los Espejos).

El maestro no se sentía bien de salud; cada vez le costaba más devolverle el calor a su cuerpo y la alegría a su alma. Sus estados de arraigada incertidumbre, inherentes según Ficino a todo artista verdadero, ahora se prolongaban sin que fuese fácil distraerlos con la simple entrega al trabajo hasta rozar el agotamiento. Sin embargo, de noche, sin ayudantes ni criados, se dirigía al hospital del Santo Spirito para hacer autopsias y disecciones. Al abrir un cadáver sus manos procedían finamente, de modo que, más allá de los vasos capilares, las venas no manaran sangre que impidiese distinguir las conexiones entre las vísceras. Buscaba una secreción cerca al hígado, esa que aparecía en los tratados hipocráticos como μέλαινα κόλοϚ o *melancolía*, cuyo significado literal correspondía a *bilis negra* pero que en las traducciones de Ficino era corriente denominar *humor negro*. Desconfiaba del alemán De los Espejos, quien por su parte hallaba extraño que Leonardo no se alimentase de carne, como todo el mundo.

—No tengo ningún interés en que mi estómago sea el sepulcro de otros animales —le contestaba el maestro.

De madrugada, el fabricante de espejos lo esperaba para que le refiriese lo que hacía en el hospital del Santo Spirito en las noches. Leonardo, sospechando que ese *tedesco* (alemán) lo espiaba con el fin de apropiarse de sus ideas, le respondía de mala gana que se la pasaba con los cadáveres, buscando el lugar que había ocupado el espíritu dentro de ellos. Es que, en efecto, Leonardo cada vez estaba más seguro de que el corazón no era autónomo sino que su movimiento se debía a los nervios que partían del cerebro. En tal caso, el *sentido común*, como lo llamaba Aristóteles, o estrato superior del *alma*, si se atendía a la nomenclatura de la Academia platonista de Careggi, o *intelecto*, si se pensaba en su función de *lectura interior*, no se hallaría por todo el cuerpo, sino que tendría también su asiento allí, a la altura del tercer ventrículo cerebral, justo debajo de la fosa pituitaria, lugar de confluencia de los sentidos. Quizás Leonardo se sobrepasó en el trato que dio al alemán. Una vez llegó con unos intestinos de buey, ya limpios, y los acopló a un fuelle de herrero, en espera de que el joven regresase con un grupo de visitantes. Al accionar el fuelle el salón se llenó con una cosa membranosa que no tenía cabeza ni patas pero sí el poder de aterrar. Otra vez, cuando el muchacho le pidió que le enumerase los cuatro elementos y le indicase cuál de ellos era más benigno, Leonardo no los nombró como tierra, agua, aire y fuego.

—Son el terremoto, la inundación, el huracán y el incendio —dijo—. Usted escoja.

Un bagaje muy pesado

Las desavenencias tuvieron un final amargo. Juan de los Espejos lo denunció ante nadie menos que León x por el cargo de nicromancia, y el Santo Padre, interesado más bien en que el gran Leonardo recobrara su salud y le pintase un cuadro, invitó al artista a que tomara un período de descanso, para lo cual optó por prohibirle que tuviera trato con los despojos de los cristianos que aguardaban los oficios de sepultura. Más que decepcionado, Leonardo se sintió solo ante el poder ciego en el mundo. Un año atrás había fallecido Luis XII, justo el día en que Giuliano de Medici, duque de Nemours, salía de viaje para casarse. Los dos hechos conjugados convertían a Giuliano en tío del nuevo soberano de Francia, Francisco I. El artista sabía que su aliado era en realidad Giuliano, no su hermano menor, el Papa, y como también había fallecido Bramante, Leonardo aspiraba al cargo de segundo arquitecto de San Pedro; el primero era Rafael. Pero la esperanza no le había durado sino un año. En el final del invierno de 1516 fallecía Giuliano, víctima de tuberculosis.

Enterado de que el artista partía del Belvedere y de Roma, el Papa envió a su secretario con una carta autografiada, en la cual manifestaba su preocupación por la salud del ilustre florentino Leonardo da Vinci, y le insistía para que se pusiese bajo observación médica y aplazase el viaje hasta que los facultativos lo considerasen oportuno. Leonardo, recordando que bajo la investidura de Sumo Pontífice se hallaba al fin y al cabo un hijo de Lorenzo de Medici, de quien también se había alejado 35 años atrás, apeló a su humor negro para responderle, también en una nota autografiada y con su ortografía particular.

—*I Medici me crearono edesstrussono* (los Medici me crearon y destruyeron) —dijo, aprovechando la ambigüedad del apellido, que justamente significaba *médicos*.

Su último viaje duraría tres meses. Debía recorrer el Lacio, la Umbria, la Toscana —donde vio por última vez su amada y sufrida Florencia—, la Romaña —que había conocido palmo a palmo bajo la protección de César Borgia—, el milanesado, que de nuevo era francés. En Milán se quedó Salai. Había acompañado durante más de veinticinco años al maestro en calidad de fiel servidor y hombre de confianza, y Leonardo lo dejó al cuidado de la pequeña propiedad que le había sido donada por Ludovico, para que construyese una casa y cultivase el viñedo. Aún faltaba la mitad del trayecto total del viaje que lo llevaría cerca de Amboise, donde lo aguardaba el rey *cristianísimo* Francisco I, y en el otoño emprendieron la ruta.

Cuando me siento acosado por ambiciosos tiranos, encuentro medios ofensivos y defensivos para preservar el don más precioso de la naturaleza, que es la libertad.

Con Leonardo iba Melzi como principal compañía, y además Lorenzo, su nuevo criado de confianza, y Battista de Villanis, cabeza de los servidores que administraban el transporte de equipaje y bienes. Pues, aparte de los caballos de la comitiva, la caravana constaba de dos carretas, una con ropas, víveres y enseres, y otra llena de máquinas, artilugios y maquetas, todo lo cual se completaba por una recua de mulas cargadas con pesados juegos de baúles.

En el Piamonte, antes de ingresar a los reinos de Francia, los detuvo una guardia fronteriza para hacer una inspección de aduana. Desde luego, una carta de invitación con sello del mismo soberano representaba más que un documento para infundir respeto. El capitán quiso mostrar que, fuera de cumplir con su oficio, era alguien dotado de cultura.

—Hermosos caballos —dijo, dirigiéndose al maestro—. Si no me equivoco, ¿fue usted quien hizo el monumento ecuestre más famoso de todos los tiempos?

—Así es —dijo Leonardo, que había callado casi veinte años sobre el asunto—. Y si no me equivoco, fueron ustedes quienes lo arruinaron.

El capitán prefirió echarle una ojeada a la carga. Ante las máquinas y artilugios hizo gestos de admiración, que su tropa interpretó como signo de conocimiento, y los viajantes, de fatuidad, pero en cuanto a la carga de la media docena de mulas, que por tratarse de recios baúles de madera, ajustados con cerradura y atados con filetes de navegación, no podía abrir sin desafío, se limitó a sopesarlos.

—Pobres mulas, con tanta carga —dijo—. Se diría que les correspondió llevar el mármol para una nueva estatua. ¿Me equivoco?

—Se equivoca —dijo Leonardo—. A las pobres mulas les tocó llevar algo más agobiante: los pensamientos de un hombre, apilados durante toda una vida de atención.

Eran, en efecto, unas 12 mil páginas, según la cuenta aproximada de Melzi, quien se había ocupado de envolver los cuadernos en mantas y liarlos con cordeles antes de ajustar el embalaje en los pares de baúles.

Una morada al fin de la vida

Un mes después de los Alpes, y 50 años después de salir de Vinci, Leonardo llegaba a la que habría de ser su segunda casa verdadera. A lo largo de su vida errante había dormido en cerca de un centenar de lechos, en unos por una noche y en otros por unos años, pero en todos se había sentido un inquilino y había considerado a las habitaciones siempre un *refugio*, término éste que intentaba atrapar en su interior eso que por naturaleza *fugge*, eso que se halla en permanente huida. La casona de Vinci, claro está, tampoco había sido de su propiedad, y el litigio con sus hermanos le había quitado, paradójicamente, todo interés en volver a ella. Pero en el camastro de aquel caserón había aprendido, al despertarse con los gallos y la alborada, que sus tíos y abuelos no asistían en las noches a lo que a él le ocurría entre los sueños, y que el perdido olor de las mantas de su infancia era el único motivo de su destierro. La mansión de Cloux, esa especie de residencia campestre de los monarcas franceses, que el mismo rey cristianísimo había ordenado preparar para su egregio huésped, tenía no obstante en el corazón de Leonardo un significado cercano al de la avejentada casona de Vinci: sería su última parada.

—Sois el hombre más sabio sobre la Tierra, y esta residencia es ahora vuestra —lo recibió Francisco I, duque de Angulema y rey de Francia, quien además le proporcionaba una increíble pensión anual de mil escudos *soleil*, oro—. Sólo espero que seáis feliz y que, de tanto en tanto, me concedáis el honor de vuestra inapreciable conversación.

La mansión de Cloux quedaba en un punto equidistante entre el castillo del rey y la población de Amboise, ambos alcanzables en una caminada sin fatiga, aun para un anciano de sesenta y cinco años. Pero Francisco I había hecho construir un túnel entre su castillo y la mansión de Cloux, de modo que el maestro no tuviese que desplazarse y que el anfitrión pudiese rendirle visita sin necesidad de vestir su armadura entretejida de tisú. El rey cristianísimo había sido educado con la conciencia de pertenecer al linaje de Carlomagno, es decir, como un hombre de la cultura, del refinamiento y de la guerra. Con un palmo más que la talla de cualquier hombre vulgar de la época y con la edad de Arturo cuando ubicó su reino en Camelot, al monarca le gustaba decir que Leonardo era *su* Merlín. Por su parte, y pese a hallarse en la ribera del Loira, en casi todo Leonardo se sentía más cerca de los atenienses de la Academia y del Liceo que de los caballeros de la Mesa Redonda; al fin y al cabo, la mansión de Cloux se distinguía de todos los castillos franceses por ser la única construida a la vez con los ladrillos rosados del siglo XII y la misma piedra calcárea, o toba, de los primeros templos griegos.

¿Dónde estableceré mi morada?
Pronto conocerás el lugar de tu morada.

—Alejandro Magno y Aristóteles aprendían el uno del otro —decía Leonardo—. El primero tenía el poder de la espada y el segundo, el saber de la mente. ¿Con cuál arma preferís la conquista del mundo?

Pero, a quien debía el rey cristianísimo en verdad su fama de protector de las artes y las letras era a su hermana, Margarita de Valois. Quizás ninguna mujer de la época la igualaba en sus convicciones respecto del reinado de la libre inteligencia. Estudiaba a la par las obras de Platón y los santos evangelios, el *Stultitiae laus* (o *Elogio de la necedad*), de Erasmo, y la *Apología de la medicina y la astrología,* de Marsilio Ficino, y había sido ella quien en otro tiempo ordenase conseguir los libros para formar la biblioteca que habría de guiar la educación de su hermano. Leonardo había llevado consigo tres cuadros, *Santa Ana, la Virgen y el Niño*, sin terminar del todo, *La Virgen de las rocas* y *La dama del velo*, que embellecían los muros de la mansión. Los dos primeros, debido a sus más de dos metros de altura, se hallaban en el gran salón de la primera planta, aposento que en virtud de sus enormes ventanales había sido adaptado como estudio y taller, y el pequeño retrato, en cambio, colgaba en una pared de su magnífico dormitorio.

Leonardo dirigía las obras de la capilla contigua, una *Anunciación*, una *Asunción* y una *Virgen de luz*, de cuya ejecución se encargaba Melzi, quien por su parte recibía un salario de 400 escudos corrientes, asistido de los demás discípulos inscritos en el taller, pues el maestro prefería concentrarse en la tabla de su *San Juan Bautista*, que emergía de las sombras en actitud sensual y mostraba la ruta de los cielos con la señal de su dedo índice. La duquesa de Valois y futura reina de Navarra solía acompañar al maestro mientras pintaba, e incluso, cuando la parálisis afectó el brazo derecho del pintor, ella se ocupaba de doblarle las mangas del camisón y de alcanzarle los utensilios. Para hacerlo, a veces la reina faltaba a sus momentos de oración, lo cual no le parecía un desacato, pues consideraba que con esas obras de incomparable belleza y alto sentido espiritual, como lo eran los dos cuadros religiosos que tenían por motivo el misterio materno, la Virgen se habría de sentir más honrada en ese salón de trabajo que en la capilla, así la hubiese santificado el mismo cardenal de Aragón.

—Nuestro rey Francisco quiere apresar al mago Cornelius Agrippa, y León x declaró hereje al agustino de Wittenberg —le comentaba las noticias al maestro, refiriéndose a ese tal Martin Luther que había llamado al pueblo a desacatar la práctica de las indulgencias papales, mecanismo que según el prelado y doctor en teología prometía la salvación a quien tuviera dinero para comprarla—. Qué difícil es administrar la justicia.

Come sólo cuando lo necesites, y que tu cena sea ligera. Mastica bien. Mezcla el vino con agua, toma poco de una vez, nada entre las comidas y no lo bebas nunca con el estómago vacío.

—La única justicia digna de admiración es la del Primer Motor, que ha puesto en marcha este mundo —decía Leonardo—, y que no ha permitido que ninguna fuerza desatienda a sus necesarios efectos. La necesidad, *madame*, es el verdadero cauce de la naturaleza.

Poco a poco Leonardo tuvo que abstenerse de sus largos paseos a Romorantin, donde estudiaba un proyecto para construir esclusas, más adelante de sus caminatas para ver el amanecer sobre las mansas islas del Loira, y también llegó el momento en que no volvió a salir con la harina tostada para los 500 zuros de su palomar. Quizás, sin embargo, lo que más extrañó fue dejar de visitar la huerta en compañía de su cocinera, Mathurine, con quien solía escoger las alcachofas, los espárragos y las endivias, mientras le enseñaba la letra de una canción. Después de más de dos años en la Lorena había llegado a admitir que ciertos vinos, no el *vouvray* del condado, que por más añejamiento seguía siendo muy suave, pero sí el de *Savennières*, con su aroma a almendras y a tilo, a verbena y acacia, eran a veces mejores que los que tanto amaba en su Toscana, cosa que al rey francés le agradó sobremanera, ya que tenía en muy alta estima el criterio del gran sabio. Una copa de ese vino acompañando las verduras que, con nueces picadas y ese queso de cabra de la región, el *crottin*, Mathurine había aprendido a enrollar en hojas de parra antes de poner en cocimiento sobre las brasas, ahora que su maestro no podía hacer él mismo los envoltorios, seguía siendo para él una comida exquisita y sana, sobre todo si la comparaba con esos platos de gallina que allí llamaban *géline*, y que aparte de crueles debían ser espantosos para que el rey prefiriese comerlos con una salsa dulce compuesta a base de miel de brezo.

Después del último invierno, cuando Leonardo prefirió quedarse en su dormitorio que bajar al taller de trabajo, el rey, que lo visitaba ahora más a menudo, pudo contemplar casi a diario el retrato de *La dama del velo*. Era, según él, la mujer más interesante que un hombre pudiera soñar.

—Para mí es motivo del mismo misterio imaginar cómo habrá hecho el Señor para que Eva surgiera de una costilla de Adán —decía el rey cristianísimo—, que el preguntarme cómo es posible que esta dama, a la vez irreal y más verdadera que todas, haya brotado de un pincel.

—Ningún hombre conoce a ninguna mujer como el pintor a su modelo —se limitaba a explicar el artista.

El rey no creía que aquel retrato hubiese sido inspirado por una dama florentina o romana o de donde fuese, porque para él no existía una criatura real capaz de detenerse en el borde de ese gesto, como ante un abismo, sin que a su semblante lo desluciera una expresión innoble.

—Yo diría que esa belleza sólo ha existido en vuestro suntuoso mundo interior —decía el rey, mientras en el rostro marchito de Leonardo se insinuaba un asomo de sonrisa.

Era un tiempo en que ya Leonardo hablaba poco. En las mañanas, Battista de Villanis y los demás criados recogían las pesadas cortinas de su lecho y las ataban contra las columnas del dosel, le hacían algo de higiene a su cuerpo, y avivaban o morigeraban el fuego en el gran hogar de su chimenea privada, según lo requiriesen los cambiantes solsticios de su temperatura interna. Mathurine le llevaba infusiones y caldos y su voz de palmípeda le mostraba al maestro los progresos en la canción. Melzi hacía subir los cartones y retablos para que el maestro le hiciese observaciones, y le leía, ya sin necesidad de espejo, fragmentos de sus anotaciones sobre el vuelo. Algo, que ya no era un recuerdo sino un fondo sedimentado bajo el cual se hallan los insondables estratos, parecían vislumbrar sus ojos claros, algo que parecía ajeno a la vida hasta que un aleteo pasaba; entonces el maestro dejaba cerrar sus párpados, y Melzi, prohibiéndose llorar, lo acompañaba en silencio. En los momentos en que un rescoldo de fuerza parecía alumbrar de nuevo su lucidez, Leonardo tomaba la pluma. "*Io t'ubidisco, Signore*", escribía a manera de oración, "ante todo por el amor que te debo, y luego porque sólo Tú sabes si prolongar o abreviar la vida a cada hombre". En abril, cuando se despertó una noche y vio que en su ventanal se hacía presente una amiga cercana y arcana, la saludó: *La luna densa e grave, densa e grave come sta, la luna?*

El rey, seguro de que habría de pasar a la posteridad, no por el manejo de su Estado ni las conquistas que realizara, sino por haber sido el último protector del gran Leonardus Vincius, atendió la solicitud del anciano de que le suministrase un secretario para redactar su testamento. Leonardo les dejó a sus hermanastros la considerable suma que tenía en la cuenta bancaria de Florencia, al cinco por ciento, desde seis años

El alma no puede corromperse nunca con el cuerpo, sino que actúa en él como el viento que origina el sonido del órgano, en el que si se estropea un tubo el aire deja de producir buen efecto.

atrás; a Battista de Villanis y a Salai, por mitades, la propiedad del territorio de Milán; a los pobres del hospital, Hôtel Dieu, 70 sueldos torneses; repartió ropas y muebles de Cloux entre Mathurine y la servidumbre; a su amado y fiel Melzi le legó el resto de su pensión, los cuadros, las maquetas y las 13 mil hojas de manuscritos que componían sus cuadernos. Se sentía liviano. Le habían quedado por realizar muchas empresas soñadas, muchas obras de arte, muchos inventos, muchos tratados sobre muchas materias, cuya culminación cabal requeriría varias encarnaciones de trabajo, sí, pero había un cierto alivio en su semblante: quizás no tendría ya que regresar a concluirlas. Había escrito: *Es muy a su pesar que el alma deja el cuerpo.* Pero también: *No vuelve atrás aquel que está ligado a una estrella.*

El 2 de mayo de 1519, después de haber sido ungido con los óleos sacramentales, los ojos de Leonardo se cerraron para siempre, y su cuerpo, que según dispuso en su testamento habría de recibir sepultura en la iglesia de Saint-Florentin de Amboise, volvió de nuevo a la tierra, de donde había surgido. Por lo demás, lo que era del fuego debía ir hacia el fuego.

CRONOLOGÍA

1452: Nacimiento de Leonardo, en Vinci.

1468: Ingresa al taller del maestro Andrea de Verrocchio, en Florencia.

1472: Inscrito en la corporación de pintores de San Lucas.

1476: Es acusado de sodomía.

1482: Se establece en Milán.

1489: Es contratado por Ludovico Sforza, *il Moro*.

1489: Fiesta del Paraíso, para las bodas Sforza-Aragón. Salai, a sus diez años de edad, entra al servicio de Leonardo.

1495: Muerte de Caterina, su madre, en Milán.

1498: Edición del tratado *De divina proportione*, de Luca Pacioli. Como parte de pago del duque, Leonardo recibe un terreno cerca de Milán.

1498: Luis XII invade Milán. Leonardo parte con Pacioli y Salai hacia Mantua y luego a Venecia.

1502: Arquitecto e ingeniero al servicio de César Borgia, viaja por la Romaña.

1502: Se establece en Florencia, Maquiavelo le consigue contratos. Tribulación por cuenta de Miguel Ángel.

1502: Muerte de *ser* Piero, su padre.

1506: Retorno a Milán. Francesco Melzi, de diecisiete años, se convierte en su discípulo más cercano.

1513: Se establece en Roma, junto con Melzi y Salai. Trabaja para Giuliano de Medici.

1517: Se establece en el castillo de Cloux, en la Lorena francesa, como huésped del rey Francisco I y de su hermana Margarita de Valois.

1519: Muere el 2 de mayo.

CRONOLOGÍA DE LA OBRA

1476-1478: Sus primeros encargos sobre madonas.

1479: Retrato de Ginevra Benci.

1479: Le encargan *La Adoración de los Magos* y *San Jerónimo*.

1483: Contrato para *La Virgen de las rocas*.

1488: Retrato de Cecilia Gallerani, *La dama del armiño*.

1488: Estudios anatómicos. Comienza a preparar el monumento ecuestre.

1493: Exhibición del modelo de la escultura ecuestre, en yeso.

1495: Comienza a trabajar en *La última cena*. Retrato de Lucrezia Crivelli.

1500: Dibujo de Isabella d'Este.

1503: Trabajo para alterar el curso del río Arno. Comienza el boceto de *La batalla de Anghiari*.

1506: *La Gioconda.*

1508: *La Virgen, Santa Ana y el Niño.*

1508: Estudios en geología e hidráulica.

1517: *San Juan.*

Bibliografía

Bérence, Fred, *Leonardo da Vinci (obrero de la inteligencia)*, Biografías Gandesa, México, 1954.

Brion, Marcel, *Leonardo da Vinci: la encarnación del genio*, Javier Vergara Editor, Barcelona, 2002.

Burckhardt, Jacob, *La cultura del Renacimiento en Italia*, Ediciones Akal, Madrid, 1992.

Chastel, André, *Leonard da Vinci (Tout l'œuvre peint de)*, Flammarion, París, 1968.

Cianchi, Marco, *Le Macchine di Leonardo da Vinci*, Becocci Editore, Florencia, 1988.

Clark, Kenneth, *Leonardo da Vinci*, Alianza Editorial, Madrid, 1995.

De Micheli, Mario, *Leonardo, l'uomo e la natura*, Feltrinelli Editore, Milán, 1991.

Ficino, Marsilio, *Sobre el furor divino y otros textos*, Anthropos, Madrid, 1993.

Garin, Eugenio, *El Renacimiento italiano*, Editorial Ariel, Barcelona, 1986.

Gille, Bertrand, *Les ingénieurs de la Renaissance*, Hermann, París, 1964.

González García, Ángel,(editor), *Tratado de pintura de Leonardo da Vinci*, Ediciones Akal, Madrid, 1998.

Pacioli, Luca (y Leonardo da Vinci), *La divina proporción*, Ediciones Akal, Madrid, 1991.

Pater, Walter, *El Renacimiento*, Icaria, Barcelona, 1982.

Richter, Jean Paul (compilador y editor a partir de los manuscritos originales), *The notebooks of Leonardo da Vinci*, 2 vols., Dover Publications (edición bilingüe inglés/ original italiano), Nueva York, 1970.

Truesdell, C., *Ensayos de historia de la mecánica*, Editorial Tecnos, Madrid, 1975.

Valéry, Paul, *Introduction à la méthode da Leonard de Vinci*, Gallimard, París, 1957.

Vasari, Giorgio, *Vidas de grandes artistas*, Editorial Porrúa, México, 1996.

White, Michael, *Leonardo: el primer científico*, Plaza & Janés, Barcelona, 2002.

Wind, Edgard, *Mystères païens de la Renaissance*, Gallimard, París, 1992.

Zöllner, Frank, *Leonardo da Vinci, 1452-1519: obra pictórica completa y obra gráfica*, Taschen, Colonia, 2003.

En internet

http://www.leonardo.net/main.html
http://kausal.com/leonardo

Sumario

Este libro se terminó de imprimir en el mes de enero
del año 2006 en los talleres bogotanos
de Panamericana Formas e Impresos S.A.
En su composición se utilizaron tipos
Sabon, Bodoni Poster y Akzidens Grotesk
de la casa Adobe.